我的青春我的梦
全国中学生校园美文精品集萃丛书

城南秋信准，说前游，赏心乐事

# 我们都曾被这个世界温柔以待

《中学生博览》杂志社 选编

时代文艺出版社

图书在版编目（CIP）数据

我们都曾被这个世界温柔以待 /《中学生博览》杂志社选编. —长春：时代文艺出版社，2018.8（2023.6重印）

（"我的青春我的梦"全国中学生校园美文精品集萃丛书）

ISBN 978-7-5387-5642-5

Ⅰ.①我… Ⅱ.①中… Ⅲ.①作文－中学－选集 Ⅳ.①H194.5

中国版本图书馆CIP数据核字（2017）第324745号

出 品 人　陈 琛
产品总监　郭力家
责任编辑　刘 兮
装帧设计　李 斌
排版制作　隋淑凤

本书著作权、版式和装帧设计受国际版权公约和中华人民共和国著作权法保护
本书所有文字、图片和示意图等专有使用权为时代文艺出版社所有
未事先获得时代文艺出版社许可
本书的任何部分不得以图表、电子、影印、缩拍、录音和其他任何手段
进行复制和转载，违者必究

## 我们都曾被这个世界温柔以待

《中学生博览》杂志社　选编

出版发行 / 时代文艺出版社
地址 / 长春市福祉大路5788号　龙腾国际大厦A座15层　邮编 / 130118
总编办 / 0431-81629751　发行部 / 0431-81629758
官方微博 / weibo.com / tlapress
印刷 / 北京一鑫印务有限责任公司
开本 / 700mm×980mm　1 / 16　字数 / 153千字　印张 / 11
版次 / 2018年8月第1版　印次 / 2023年6月第5次印刷　定价 / 34.80元

图书如有印装错误　请寄回印厂调换

## 编 委 会

编委会主任：刘翠玲　夏野虹　高　亮

编　　　委：宁　波　孟广丽　张春艳

　　　　　　李鹏修　苗嘉琳　姜　晶

　　　　　　王　鑫　李冬娟　王守辉

# 目 录

## 我们都曾被这个世界温柔地爱过

天才都是有点儿怪 ……… Supreme / 002

我们都曾被这个世界温柔地爱过 ……… 洪夜宸 / 006

最叛逆 ……… 谙 槠 / 009

你好,"新概念" ……… 蒋一初 / 013

高 考 小 札 ……… 裸夏木槿 / 016

恩情·往事 ……… 孟卓钺 / 020

年少轻狂的我 ……… 墨染忧伤 / 022

又寂寞又美好 ……… 宁小主 / 026

## 每个女孩儿最后都要幸福

每个女孩儿最后都要幸福 ……… 陌 忆 / 032

红　　日 ……… 暖 夏 / 043

时光不见深处 ……… 青果先森 c / 050

嘿！物理小姐 ……… 曲俊澎 / 058

我们的故事 ……… 三 合 / 061

往事和烟火 ......... 三倾荟 / 070

奇遇木偶记 ......... 少之不少 / 074

## 彩虹的微笑

猪天天：臭小孩儿牛坤坤 ......... 树 一 / 082

我在济南，天气晴 ......... 田 园 / 085

彩虹的微笑 ......... 王 丹 / 088

那年的日记 ......... 王 月 / 091

单人旅行，两人牵挂 ......... 微 晗 / 094

## 我是你一生的不离不弃

满树繁花开，良辰依旧在 ......... 陌浅狸 / 098

流年，仅此落幕 ......... 暮色琉璃 / 102

我是你一生的不离不弃 ......... 暮色琉璃 / 107

闺密的"闺"，闺密的"密" ......... 年 蚀 / 112

由来已久的念头 ......... 潘 潘 / 115

没有什么新闻 ......... 小 漾 / 119

## 这个世界上唯一的你

你有没有这样的时候 ......... 杨西西 / 124

我不好，我还好 ......... 起小败 / 126

谁拿了我的快递 ......... 亚小诗 / 128

这个世界上唯一的你 ......... 芭 雯 / 131

如今不过寻常事 ......... 冯 瑜 / 135

青春故事汇 ......... 浅步调 / 139

没伞的孩子必须努力奔跑 ......... 苏潼遥 / 142

## 24K 纯爷们儿的女生

24K 纯爷们儿的女生 ......... 小 漾 / 146

我多想你在这里 ......... 许如果 / 149

相遇在这好时节 ......... 雅 尼 / 153

陪我一起傻的你们 ......... Candy / 156

那些年被淘宝坑过的我们 ......... 笨娃娃 / 159

中考祭 ......... 钊 / 161

只是时间刚刚好 ......... 暮浓城 / 164

数学君，快把奇迹驮回来 ......... 牧光年 / 167

## 我们都曾被这个世界温柔地爱过

　　亲爱的自己，也许有时候你会觉得突然看不懂尘世冷暖，或者忽而感到世态炎凉。

　　亲爱的自己，累了的话，就在心头撒上一层阳光吧。幸福本来就是那样简单并且一击即中的事啊！

　　请记得我们都曾被这个世界温柔爱过，只是我们都没有用心去体会那玲珑的爱意。

　　嗯，你看未来那么长。

# 天才都是有点儿怪

## Supreme

"怪人"这个外号是一个初中同学帮我起的,怪在哪里呢?这我一时半会儿可说不上来。

既然无法概括出我的奇怪之处,那就让我先拿今天的经历举举例子吧。三个小时前,我坐在路边的长椅上啃着面包店里出售的最便宜的吐司,咸中带苦,还没吃到三分之一就再也没有吃下去的欲望了,路过的同学用一句"你能不能正常点儿"彻底消除了我的食欲。然后我飞奔到奶茶店用收集到的二十张积分卡在老板的白眼中换了最贵的大杯饮料。两个小时前,我挤公交、走天桥、冲人行道来到图书馆,放着座位不坐蹲在地上看了半个小时的恐怖小说,其间大叔的脚步声、小孩儿的叫声、老爷爷的咳嗽声把我吓得好几次撞到书架,最后还是一脸杀气的图书管理员把我赶到了座位上。一个小时之前,我去上厕所,因为害怕走廊拐角处会突然惊现脑袋拥有三百六十度旋转技能的美女,我又连跑带跳地折回人最多的地方蹲点,见到有上厕所的大妈才尾随上去,搞得大妈以为我是伪装成高中生少女的犯罪组织成员,警惕地一连回头看我几次。不过我并不怪她,毕竟这是个人人都需要保持警惕的时代。

解决了厕所问题,我十分开心,掏出手机来给小开打了个电话。通话还没持续三分钟就结束了。小开说,她在市中心和新朋友玩得很开心,每句话都有种"不要打扰我发展友谊"的内在含义。都怪我自作自受，昨天傍晚放学本来约好和她吃晚饭的，走出校门口时却遇见了她的新朋友，说时迟那时快，我立马往另一个方向冲了出去。我是急性子，也是预知大帝，我猜想她肯定是想和小开一块吃饭、逛街、购物一条龙的——事实也的确如此。于是我自辟蹊径，过了一个无忧无虑、自由自在、不用担心被冷落的夜晚。

回宿舍的时候小开对我说，她的新朋友以为她吓到了我，让我如临怪兽。

我向亲爱的小开道歉，说我实在不喜欢三人行的感觉，那句话怎么说来着，三人行，必有人被冷落焉。

小开拿我没办法，我就是那种越长大越孤单的人，但和天天在QQ、微博上说自己缺爱、没人疼、孤独得令人心疼的少男少女又有本质区别。我是真正不喜欢交朋友也乐得清静的人，也就是那种所谓的社交白痴。

友情不是爱情也不是亲情，不能让对方只爱你一个或者永远爱你。对于我在这个学校、这座城市唯一的熟人小开，我只好任由她发展各段友谊。从我放假一整天都是一个人过的来看，我已经成为了一个彻底孤独的人。

在日本，被孤立的大多是漂亮女生；在全世界，孤单的人有许多是令人无法理解的天才。这么想我就舒服多了，毕竟长得好看与脑袋聪明是所有人都渴望拥有的设定吧。

但我还是更倾向后者的。毕竟漂亮与否，别人看你一眼就知道；是否天才，可要等待时间的考验了。所以我说自己是因为身为天才而孤单，一时半会儿没有人能找到完全反驳我的理由。

可我究竟是哪方面的天才呢？反正不是经营感情方面的，不然，小开也不会抛弃我去和新朋友"双宿双飞"了。

这天，我又猫在图书馆看小说、写作业，小开根据对我的了解成功地找到我，我看到她的时候她就像只停留在花瓣上的花蝴蝶般光鲜迷人。

"周向阳，跟我去吃午饭吧。"她对我说，紧接着又添了一句，"妮妮说她没空儿，否则我也不会来找你了。"

她喊我ABC式的全名，却把新朋友叫成BB式的爱称。

"不去。"我指了指面前堆成小山似的理化试卷。

她立马面无表情地转身离去。我看着她穿着和各种妮妮西西咪咪一起去买的新衣服的背影，片刻又转回到试题上，却连个最简单的速度公式也列不出来。

在无人问津无人同行的情况下，我做过许多我行我素的事，比如被班主任揪住上课睡觉，我会说"适当休息有助于更好学习，此外通过控制梦境可以起到开发大脑的作用"，或者自修玩手机被逮住我会说"在解题进入僵局时可以通过玩手机游戏缓解紧张情绪，进行脑部与手部的锻炼，难题也能突然迎刃而解"等等，气得老师只能吹胡子瞪眼。后来我这种见招拆招胡扯瞎编的对付方法不知怎么就流传开来，被广泛使用，害得我被教导主任罚写一千字检讨，主题已经从顶撞老师上升到带坏校风。

《挪威的森林》里渡边彻有句精彩对白：没有人喜欢孤独，只是不想勉强交朋友。我觉得这句话一定是专门为我这种人量身定做的。

一到不用上课的日子，我就会走出校门四处流浪，走过大街小巷，海边沙滩。独自一人身处异乡，唯一的友情破裂后，就彻底无人关注我这个怪人的去向了。

一个人的冒险毕竟会有危险藏匿其中，某天，当我独自走到离学校很远的地方时，钱包竟被偷走了，身上连坐公车回去的钱都没有。

怪人也是会掉眼泪的。在丢钱包这种老套的剧情下，我坐在路边煽情了一把，此刻彻底明白了孤立无援的感受。

　　这个时刻我想到了小开，记得放暑假前，她问了那么多人也没人答应陪她去车站买回家的票，只有我立马答应下来。在车站那种鱼龙混杂、劣质香水与腋臭味共存、汗液与唾液齐飞的地方，我把小开的包护得比自己的还死，并且顶着炎炎烈日陪她走了好远的路。可是像我这样为友情默默付出的人，为什么却得不到回报呢？想到这里我心里的难过又增添了一分。

　　就像《小时代》里林萧的手机没电时才知道自己唯一记得住的是顾里的号码，我只有在这种走投无路的情况下，才发现自己早已记住了已经删除的小开的号码。

　　气喘吁吁的小开看到眼眶红了一圈的我，又急又气，却也说不出什么。也许我们已经太久没有过交流了。

　　在后来的日子里我们渐渐吐露了一些心声，也消除了一些误会。小开站在理解者的角度上并不打算改变我不爱与人交往的特性，而我也不再强求她能将我放在朋友榜单的第一位。

　　不过这一天她对我说："向阳，我决定把你当成我最好的朋友啦。我觉得没人能像你一样无怨无悔地陪我去买票了。我与她们的相处，大多是一些买衣服啊、吃东西啊之类的玩乐，而你不一样。"

　　既然她都这么说了，那我也只好傲娇地勉为其难地接受了："随便你咯，不过你要继续忍耐我那些奇葩的行为。"

　　她的脸上立马出现了一个大大的问号。

　　"因为……"

　　"天才都是有点儿怪的嘛。"她调皮地接道，长长的睫毛好似飞舞的花蝴蝶。

# 我们都曾被这个世界温柔地爱过

洪夜寂

曾经有很长一段日子，我都沉寂在自卑中不愿醒来。因为一次考试的失利，开始变成敏感脆弱的小女子。

老妈曾一度断言我这样下去迟早会崩溃的，果然，我已经逐渐走向崩溃的边缘。

这不，又是整夜未合眼，我心里犹如被千万只蚂蚁啃噬般焦躁不安。睡不着就没有精神，没有精神就会上课打盹，上课打盹就会成绩下降，成绩下降就会睡不着觉……我陷入恶性循环的死角，整个人跌入冰冷的黑暗中。

同桌某张曾一度调笑地说："亲，你的黑眼圈都要到下巴了，这样真的好吗？"

后来，我在老师的建议下去了心灵放飞室。心理老师探清楚了我的现实状况后，横枪直入地阐明这个鲜血淋漓的事实——我有轻微自卑，现在已逐渐开始加重，严重的话会有自闭症的风险。

没错，那次的考试失利不过是一根导火线，将我素来骄傲辛苦伪装的乐观坚强悉数击溃，我像只斗败的公鸡，被现实击打得溃不成军。

是啊，现在的我的确很糟糕：明明一直在努力，成绩却总是不理想；热爱文字作文分数却总是低得可怜；总是粗心大意把好事情办糟；没有优雅美丽的外形，也不够内敛沉静；会因为被退稿而发呆整个下午，也会因为做不出一道物理题急得抓耳挠腮；害怕自己不够优秀，会让对我充满期待的父母、老师一次次地遗憾失望……

当窗台上的新叶伸向和煦的阳光，蚱蜢觊觎绿叶的芬芳，一只猫咪窝在女孩儿身旁伸出舌头舔一舔她的脚丫，好闺密坐在一起拍拍手讲着笑话，幸福就像是开了苞的荷花……

而我，又已经多久没有去注意这些了呢？除了只会不停地刷题写卷子，关注考试分数和排名榜上的位置，又什么时候去睁开眼好好关心一下这个世界，去热爱它呢？

很久以前某妍冷着脸逼问快要病入膏肓的我为什么不能放弃小S，劝我别再死皮赖脸地喜欢他时，我告诉她，"放不下不是因为值不值得，而是因为那是我的青春。"

那时候我和她争执说，就像《小时代》里的南湘，无论被顾里骂过多少次，不也都死不悔改、死乞白赖地爱着席城吗？那个躺在草地上的少女，她心里默默地说："我多想和他在一起，我多想和他像从前一样，在一起。"

我曾经那样执拗地坚持说："他和席城一样，我曾经最浪漫的梦想、最嚣张的学生时代、最甜蜜的少女时光，都与那个人密不可分地融在一起，交织成生命中最美的时光。"

可最终我还是放弃了不是吗？

可现在的我不也这样屈服于现实，被分数磨平了棱角，被考试变得失去了热情，也逐渐割舍了那些曾经认为一辈子都不会放弃的执念了吗？

烫痛过的孩子仍然爱火，因为那里有他们的梦啊。

在看到小扬空间里那篇《你还记得一年前的自己吗》时，真的有被感动到。也有种突然惊醒，后知后觉的怅然。

小扬结尾用的那个词我很喜欢——勿忘初心。

亲爱的自己，也许有时候你会觉得突然看不懂尘世冷暖，或者忽而感到世态炎凉。

亲爱的自己，累了的话，就在心头撒上一层阳光吧。幸福本来就是那样简单并且一击即中的事啊!

　　请记得我们都曾被这个世界温柔爱过，只是我们都没有用心去体会那玲珑的爱意。

　　嗯，你看未来那么长。

# 最 叛 逆

谙 橘

依青剥了一个橘子，掰开一瓣塞到我嘴里，分了一半放在我掌心。酸涩的橘汁刺激到了味蕾，我没出息地被呛到，咳出眼泪。初夏，我们买了去临市的车票，她爸妈在我们离开她家时说"玩好"，我在即将上车的时候给齐锦发了短信，没留去向。

我住在依青家不是一次两次了，齐锦在我没回家打电话到她家后再没说什么。接电话时依青一直很愉悦，挂断电话的瞬间很快换了表情面对我，我笑着看她，直到她脸微红。"江依青你居然会脸红？"说完我身体已经比大脑更迅速地做出反应，身后飞来一只抱枕。

"江依青发春了。"我很快发了短信给文昕，很快收到的回复是"齐锦"。原来已经不是秘密，我反倒释怀了。

整个晚上我都没有睡好，抱着依青的胳膊撒娇。第二天四点一睁眼我就看到长发散乱、歪头看着我的依青两手撑床沿，我一晃头，立即感觉到自己四脚朝天的形象和戳到我脸上的手指。"江依青你卖萌！"我哀号的同时被从地板上拉起来。

餐桌上，依青嘴里塞满面包口齿不清地向刚灌完两杯牛奶的我发问："你果然改不了打滚儿的习惯，难怪不敢睡上铺，地板有多舒服会让你欲罢不能？"我揉揉肚子打了个嗝站起来准备去洗杯子。刚走两步就听到江依青甜得发腻的嗓音："小齐齐啊……"我脚步僵了，下意识地丢开杯子捂着耳朵，依青的怒吼穿透指缝依旧清晰："你又空腹喝牛奶？还两杯！"我慢慢悠悠地捡起仍在打滚儿的钢化玻璃杯，闪进厨房，在水声大作中嘀咕："你又没给我留面包。"然后嘴里被塞得满满的都是面包皮。

我毁了整个旅程，准备上车时突然想起自己晕车。兴奋异常的江依青不顾一切把我拖上车，车在出城的时候停下，我把早晨的牛奶和面包皮吐完后，上车就趴在依青身上睡得满头是汗。到站我就休息，休息完就吵闹吃饭，吃完饭依青丢下我采景，然后……回家。

江依青发了说说："天气微热，一切将就，如果没有晕车的某妹子满头大汗地睡在我怀里，那将是看尽窗外风光的一路。如果没有只带零食不带水的儿童，那将是流得了汗补得了水的摄影之途。如果没有吵闹回家的某脑残，这场旅途注定受益匪浅。"

我看到的时候人已经在街心公园的走廊了。我买了一瓶矿泉水拧开，一口气全部灌下去。走了很多小路躲了很多人的视线，坐在长椅上擦干额头上的汗，刘海儿已经沾在额头上，满脑子都是刚回家的样子。

放下背包换鞋的时候，被坐在沙发上的齐锦泼过一整杯水，他恨恨地骂了很久，满眼愤怒。最后一句"有本事一辈子别回来，发个短信算怎样"伴随着一只玻璃杯砸到门框。齐锦坐在沙发上，我蹲在门口，停下换鞋的动作系好鞋带提起包包转身就走。拿出手机看到几个未接"江依青"就已经猜到齐锦找了依青。我试着说话，声音已经颤抖，挂掉电话发了短信坐下，屏幕亮起来，显示"文昕"两次我都没敢接，之后掀开后盖卸了电池。

依青和我一起长大，从小就"齐脐齐脐"含含糊糊地喊我，她说感觉像是齐齐旎旎；文昕是在初三认识的，但是之前她认识我娘，比我和依青大，就自然而然地成了我们的"管家婆"。

初三刚开学依旧是最恶俗的自我介绍，依青和文昕一起去黑板上写了名字，中间留了很大空白。我看了她们的字，把头埋在桌子里，文昕催促，依青损我，我走上讲台。全班的哄笑声在看到"文昕""江依青"五个漂亮的字中间歪歪扭扭地出现"齐旂"后瞬间提高了一个强度。

我坐在候车室，车票随意放在兜里，没有开机。我想她们不会知道我在这里，而我忘了还有最了解我的齐锦。依青和齐锦一起赶到的时候，我在座椅上昏昏欲睡，依青有些惊慌，而齐锦不说什么直接把我拖了出去。后来在依青的絮絮叨叨中我知道了是齐锦打电话给爸妈。那天最后的结果是看到忙于工作的爸妈的疲惫狼狈，然后回家了，然后我把自己关起来，然后文昕来了在门口拍了一下午门，然后我拒绝进食，然后文昕抱着我睡着，然后没有然后了。

我很久没理齐锦，齐锦挡在我房间门口不开口，然后我让他进去。我们就那样坐着，很久没开口，久到我快要睡着，齐锦突然开口让我没了睡意，他说："你别睡……听说你出走，你爸下楼梯摔伤腿，你妈一直精神恍惚。"

"还不都怪你？还有那也是你爸妈！"我几乎跳起来。

齐锦莫名其妙，"和我有什么关系？"之后似乎反应过来，神色黯淡，却还在等我回答。我突然想到夏茗悠《陪你到世界终结》中麦芒的"吃不到哥哥做的饭，我就会情绪低落，然后就会没心思写作业，于是周一就会被老师骂，被骂后自尊心就受到打击了，还没有恢复，考试就来临了，所以成绩就退步了，退步就缺乏自信，从此就一蹶不振，高考就掉到三本学校去了。三本学校课业很轻松于是我学坏了，整天去网吧打游戏，在打游戏的过程中遇见长得帅的坏男生跟他们瞎混，后来头脑发热和其中一个同居了，然后因为无知我怀孕而男友逃跑了，我不敢回家向你要钱堕胎，只好偷偷把儿子生下来了，儿子长大后很怨恨我轻率地生下他，在单亲家庭成长心里有阴影，所以他被有心计的女生勾引结婚彻底离开了我，我变成了孤家寡人，没有精神支柱工作下去，被开除了,最后,我七八十岁,变成老太婆一个人在路边捡塑料瓶,悲惨的一生就这么完结了。而我的人生之所以变得这么悲惨全都是因为——哥哥你不肯做饭"。

我回头看着齐锦格外温柔的笑,不加思考慢条斯理地回答:"如果不是每周回家见不到哥哥爸爸妈妈,我也不会想着找依青,如果不是找依青我也不会准备出去玩,如果不是出去玩我也不会在她家住,如果没有住在她家我也不会没机会和你说,如果不是没有和你说我也不会忘了自己晕车,如果没有晕车我会玩得很开心,如果玩得很开心就不会回家太晚,如果不是回家太晚你也不会泼我水,如果你没有泼我水我也不会出走……"齐锦丢下"齐旂你大爷"五个字逃出去,关门前我说:"我大爷也是你大爷好吗!"

依青莫名发来短信"别让父母太担心",我看着出走时的短信咧开嘴傻笑,不自觉泪流满面。齐锦没心没肺地敲我后脑:"完了我妹又脑残了。"午夜零点不同人的短信一起发进来,都只有"生日快乐"四个字。江依青发来第二条:"不多用废话才是你齐旂。"

我想到,我十六周岁了。

后来理清了那段时间发生的事,整整一路一动不动地躺在齐锦怀里,身上装了午夜一点四十六分的车票;文昕凶了依青,依青佯怒骂了我几句,文昕在门外一直拍门,诉苦说我妈认为她拐走我,说她是坏人带坏我。拿回我的手机看到很多贴吧的朋友发来短信,发现打扰了好多人。

# 你好，"新概念"

蒋一初

得知进了"新概念"复赛，我的大脑一片空白，因为我还没有想好该怎么迎接这个惊喜。一整个暑假我都在钻研小说怎么写才会更吸引人、才能更厚重，我把一颗心掏出来用最锋利的刀在上面雕刻，每一个角落都有刀片划过的痕迹，当它成为最玲珑的作品，我才满意地将它递进邮筒，感觉自己的希冀生出了翅膀，正在飞往距安徽有417公里的不夜城。

到上海的时候已是晚上，尽管是南方，但冬天的风还是凛冽无比。接我的是早就联系好的朋友，这是我们第一次见面，却像是认识了很久。

大家围坐在一起玩"杀人游戏"，桌子上堆满了东西，很多人在一起调笑着，有一搭没一搭地揭露对方的情史。一个男生总是说："你们这群有文化的流氓！"我观察着每一个人，漂亮姑娘喜欢把手藏在袖子里捂着脸，长得像胡夏的男生可以戴着帽子一下子把拉链拉上看不到脸，有一个武汉的妹子和一个山西的汉子说话都像广东人……

1月26日下午复赛。复赛的第一个题目是一句话的续写，需要用名家体写，我看的中国名著并不多，各种名家的风格拿捏得不准，看到第一个题目的第一眼我就放弃了。第二个题目是命题的：第十三个星座。我对星座还比较了解，我也知道有人传言第十三个星座是蛇夫座，但我并不准备写星座。列了一个提纲，打了两张草稿，我顶着星座的题目批判了社会现实。我写得还算顺手，三点刚过我就收尾了，我没有写满三张纸，最后通篇看了一遍，改了一个错别字，交卷。听到监考老师订书机"咔"地一响，我知道自己的文章已经没有修改回旋的余地了。背好包，我出了教室，感觉异常轻松。

复赛当天晚上的通宵唱歌是"新概念"的传统，买了很多酒和水果。"新概念"的灵魂人物乔木演唱，前奏响起时，她说，祝"新概念"十六岁生日快乐！我怔了怔，泪水在眼眶里打转，今天是"新概念"十六岁的生日，是我十八岁的生日。我比"新概念"大两岁，在"新概念"褪去青涩的年纪，在我迈向成熟的年纪，我们终于在时间交叉的过程相遇成一点。十六加十八等于三十四，三十四岁是足够谦逊足够成熟的年纪，它赋予我的是沉稳，更是对梦想的执着。我跟着大家鼓掌，除了对乔木的赞美，还有对自己的加冕。

第十六届"新概念"简化了颁奖典礼，早在一点钟我就已经在官方微博上看到了获奖名单。我放大了图片，看了一眼三等奖，没有看到我。深呼了一口气，我在二等奖的名单里仔细找自己的名字，A104，A107……我是A105号，这跳开的编号似乎暗示着我什么。目光上移，我找到了A105，我拿到了一等奖。我坐在礼堂正中的位置，拿着一等奖的证书和奖杯，感觉如此不真实。

吃完晚饭回宾馆的时候发现很多人已经整理好行李准备回家了，大厅里只有稀稀拉拉的几个人，大家在谈"新概念"。我们边打牌边聊天，旁边的男生问我以后会不会一直写下去，我说："不知道啊。"我不敢回答这个问题，写作是我现在最虔诚的信仰，以后会不会一直将它放在心头，我不知道。

28日早上五点钟出发，我有点儿遗憾没有人送我，没有和大家告别。走的时候却发现大家都坐在大厅里面。我说，我要回家了。大家都歪歪倒倒地站起来跟我拥抱，他们一夜没睡，喝空了满地的酒瓶，在这里等着每一个人，和每一个人告别。

我说:"明年见!"

"明年见!"

坐上了返程的车子,我被黑暗包裹着,却已经感到天空泛起的鱼肚白。三天如同三年,从陌生到惺惺相惜,我感受到了"新概念"的魔力。我和来的那天一样,穿着同样的衣服,背着同样的包,只是心里住进了一群三天前从不认识的人。我很爱他们。

太阳升起来了,照耀着每一个角落,汉庭的大厅一定是光亮一片,而我却沉沉地睡去。我要做一个美梦,关于"新概念",关于梦想。

# 高考小札

*裸夏木槿*

今天下午的风吹得很大。

刚刚周考的成绩出来了,毫无意外地又是第二,我皱了皱眉。

同桌小声地说,"喂,你和第一就差一分啊。"我抬头小心地看了看讲台上的老师,没有说话。

讲台上,老师在不停地解释冷气团主动向暖气团移动的过程。此时,距离高考只有一百五十天。

老师突然指了我后面的女孩儿回答问题,问她黑板上等压线处为什么会出现冷锋。她站起来就说自己不知道,我低着头,在草稿纸上画着风向,整理可能出现的原因。

老师让她好好思考,她却说:"你不和我说我怎么知道,我都没学过。"老师愣了一下,便问她难道高一都没学过吗,那个女生直接说高一都在玩没学习。我想老师此时一定是呆住了,咳了咳,然后就让她坐下了,而此时全班人的目光都应该集中在她这里了吧。

她坐下来的时候,全班一阵喧哗。我回头偷偷看了她一眼,她则若无其事地趴在桌子上睡觉。我偷偷瞥了一眼同桌手里拿着的名次表,刘天琦,第五。我暗暗叹了口气,其实我不太喜欢这么有个性的女生。

距离省统考还有一个星期,我天天在画室里黑天暗地地画画,忙得好像丢掉了灵魂。

拿着身份证去学校报名的时候，才感觉到高考是真的来了，而且那种不安感越来越强烈。波波之前和我说离高考还有两百多天，那时的我还觉得怎么还有这么多天啊？现在仅仅是报个名我就感觉到了莫名的压力。我嘲笑自己，干吗弄得那么紧张，不是还早吗？

省考分还没下来的时候，每天都有小道消息说明天下午几点几点招生院出来成绩，可还是没有出来。

那天放假，分数上午十点出来的时候，我在床上接电话，小强告诉我分数出来了问我查了没有。我说怎么可能这么快？但是听对方的语气，我打了一个寒战，感觉他好像真的没有骗我。小强告诉我他完蛋了，这次省考考得不怎么好，我就确定了，分数是真的下来了。

我立马起床把电脑打开查分，输完最后一个号码，我祈祷结果不要太令人失望就好。

可是结果却是出乎意料地让人失望。

省统考的分数下来之后，浑浑噩噩地过了几天。

终于他还是和我提出了分手。

他说："你根本不喜欢我，在你眼中，分数才是最最重要的。"

说的还真是实话，确实，分数比你重要多了。没有分数怎么可能考上，就算没有你我以后还会有很多个他。

于是我们就这样分了，没有一丝拖泥带水。不过，最后我还是没有忍住，哭了，不是因为我舍不得，是因为我看见他和她在一起了。

我觉得自己有时候就是这么不可理喻，明明是自己不想要的却还不准别人拾起。

无奈最后，他还是离开我了。之前说好的要考一个学校现在都成了浮云。

我哭了很久，但是想到就算我再怎么哭，也阻止不了他和她在一起，我就不哭了。波波安慰我说没关系的，我笑笑说，就这样算了吧。

我抬头看着波波，他无奈地笑着。前不久，他好像也和女朋友分手了。爱情经不起高考的打击，在高考面前，它是多么苍白无力。

只是爱情于我而言，不过是一件奢侈品，是可有可无的，我好像从来都不懂得什么叫从一而终。

距离高考也就一百来天了，既然他说我那么在乎成绩，那么我便要提高成绩给他看。

3月13日，这天对我来说很特别。

下午我刚走进教室就有人告诉我，说我过了上海大学自招，全省第一名。

我觉得我当时胆子也挺大的，直接在考试命题的文章后面露骨地表达了我要考上这个学校的渴望。没想到居然让我过了，还以为老师会非常反感呢。

那一个下午我都没认真听课，我在想大学以后的生活，想着想着就笑出了声。

同桌冷冷的声音传来："就算过了又怎么样，文化课的分数你觉得有可能过吗？"

他说完之后，我就觉得他这人怎么这样，是嫉妒还是什么？可是我仔细想想他说的也对。但我就是不想理他，干吗在这个时候泼我冷水。

其他学校的自招也都快出来了，每天都有人在不停地讨论是否过了学校。李玉琢过了景陶的时候全校都惊呆了，要知道她画画学得晚，而那些学得早的人到现在都还没有被录取，自然觉得不可思议。

不过到后来就没人说"李玉琢居然过了景陶"这样的话了。因为大家都知道了艺考集训前她每天早上四五点就起来练习画画的辛苦是别人都效仿不来的。

原来勤奋真的可以弥补很多缺失，勤奋是可以打败天分的。

刘天琦突然告诉我她要准备复读了。

我没有说话。

她说她一点儿都不喜欢画画，喜欢跳舞，只有在跳舞时才可以完全投入，她说："那是我的灵魂。"

我问她："那为什么当初不选表演？"

她笑了笑，额头上的粉似乎还没有涂开，好像一张白色的面具戴在脸上。

她说："除非你的家庭非常有背景，不然选表演是根本不可能通过自招的，即使你很有实力。"我无言。

省外学校很多自招成绩都下来了，班上有很多人每天都在期待着。前面的两个女生和另外一个男生讨论去哪里复读，她们说就算今年可以走掉，那也不是一个好的学校，复读一年一定可以走一个更好一点儿的学校。人的野心就是这样，什么都想要，什么都想最好。

当黑板旁边倒计时的牌子上的数字在一天一天减少，班上有的人依然还沉浸在没过学校的深渊里，有的人还在等着自己的最后一根救命稻草，但是有些人确实很不幸，压死骡子的就是最后一根稻草。

班上有个男生大家都叫他考霸，也真是，他的省考考得也不怎么样，但是偏偏省外学校过了六七个，过的概率为百分之八十。也许这就是运气，真的与实力没太大关系。所以很多人就很悲愤，在背地里诋毁他，可是又能怎样呢？那是别人的运气，有本事自己也能有那样的运气啊！

我想了想，然后就低下了头。我拼命地演算书上那一道一道的算式，强迫自己记住一百多个文言实词和虚词，还有三千多个英语单词。

也许我并不聪明，但是我很努力。我不想让运气决定我的未来。我一直相信，上天不会亏待了勤奋努力的人。

最后的五十天，高考先生，愿我能被你温柔以待……

# 恩情·往事

孟卓钺

站在回忆的渡口,往事随春风摇曳,渐渐拂过我的心头。

仰望长空,夜色未褪,星曙并存。我被闹钟刺耳的铃声催去洗漱,又推上餐桌,直到被推上了车子,还觉得双眼蒙眬,似醒非醒。

于是望着暗沉的天,觉得自己成了《诗经·小星》里的主角,终日疲于奔波,便无意识地叹了一句"真累"。

车前座的母亲扣好安全带,回头望了望颓废的我,用劝慰似的语气轻柔说:"再过两个月就好了,就可以好好歇一歇了。"末了,又像是自言自语似的呢喃,"我也不用大清早就起来开车了。"

真奇怪!明明是轻飘飘的一句感叹,却一下子让我的每根神经都为之一震。是的,每天清早上学固然很累,但比我更忙碌的,却是母亲,早起的烧水、煮饭、唤醒、叮嘱……忽然使我感到有些羞惭了。三年如一日的车接车送,每日清晨的早餐,劳累的伏案工作,周末的劳顿奔波,哪一样不是为我操劳着?

我悄悄看一眼专心开车的母亲,只觉得恩情的柳枝在往事的春风中抚上我的脸颊,搅得心里酸酸甜甜的。

往事或许轻飘,却让人永生难忘。

那是去年的春日,那株恩情的杨柳已经悄然生长,并且蔓延。我坐在教室后排，企图用前桌的略微庞大的躯体挡住我的身形，把自己彻底隐匿，谁知，老师突然叫同学到讲台上讲题，竟然第一个点到我，真是欲哭无泪了。

是的，数学题，最不擅长的数学题，我要到黑板旁讲。我不敢对视老师的眼神，怕那双眼睛里浸满嘲讽，只想草草地讲完了事。可天不遂人愿，老师不断地向我发问："步骤呢？方法呢？再说一说。"好不容易讲完那道几乎把我折磨到形销骨立的题，双腿已然发软，瘫软到自己的座位上。

下了课，难免找同学倾诉和抱怨——老师为什么总叫到我啊？谁知同学的回答却出乎意料："她一直很关照你，这点我们都看得出来。她实际上只是希望你不要一味地躲避数学题，希望你做得更好而已。"

我触电似的"啊"了一声，忽然明白了一切。后来再讲题，便再无怯懦了。我望着老师多彩的身姿，深情地看她两鬓的白发，爱就这样在心中冉冉升起。师恩柔韧的柳枝，掠过脸颊，深深地根植于我的心底。

春风中，那些往事，那些恩情，不思量，永难忘。

# 年少轻狂的我

墨染忧伤

## 逃 离

农历2014年正月初十，我再一次从学校"逃"回了家，距离开学仅三天。

天是阴冷的，积雪依旧没有化完，道路两旁白茫茫的，空气中弥漫着淡淡的年味，与周围阴冷凄清的环境形成反差。一路上我一直想着到家该如何向父母交代，这是读高中以来第几次逃课回家我也记不清了。

汽车缓缓地在路上行驶，不大的车厢里塞满了各色各样的人，因寒冷而紧闭的车窗使车内的空气更加沉重，压得人无法呼吸。车窗外的景物全都随着车轮的转动而消逝在一片白雾中，周围的一切开始模糊起来，仿佛处在另一个空间。

湛蓝的天空下，开得正艳的油菜花随着微风肆意摇摆，如舞动的少女。一群快乐的小伙伴纵情地在油菜花中穿梭，微风里飘来他们阵阵的笑声，那个穿黄色上衣的孩子不是我吗？……童年的我是多么快乐，可现在却……总是想着要快快长大，如今真的长大了，却找不回童年的感觉了。好想回到过去，只想存在于回忆中。当丰满的理想与骨感的现实交触在一起，当期望变成失望，一切化作梦幻泡影，我只想着逃避，不敢面对，也不想面对，现实是那么苍白无力。

手中紧紧攥着给母亲的信，到底要不要给她看呢？我的心在纠结着。信上写的都是我目前的心理状况，那么悲观，那么消极，这让最爱自己的母亲如何承受？猛地一下刹车，汽车突然停了下来——要下车了。一切来得这样匆忙，我还没来得及准备，一切就将结束。下了车，望着前面不远处的家，我犹豫了，到底我要怎样？继续逃避还是勇敢面对？

## 迷惘的青春

偌大的客厅中母亲一个人静静地坐在沙发上，暮色已至，白日里喧闹的一切都慢慢归于平静，屋外寒风凛冽，屋内冷气袭人。自从她看完信之后，就一直不说话，时间就这样一分一秒地流逝。

"孩子，你说你这是怎么了啊。"母亲满脸愁容地说。看着母亲愁苦的面容，我的心好似针扎般难受。我埋下头，不敢直视母亲的眼睛，久久地沉默不能说话。

"孩子，你说你没事总想那么多干吗？为什么要给自己那么大压力啊？"母亲继续说道。我依旧低头不语，心里更加痛苦。

"你自己好好想想，你的生活是比别人差了还是怎样，我们每天供你吃穿，我不求你在学习上能有多大成就，我们只希望你能每天开开心心的。妈就你一个儿子，你说你想死，可你有没有想过你死了妈还能活吗？咱这个家也就毁了啊。"此刻母亲已是泣不成声了。

"我也不想这样，我总是控制不住自己，我讨厌学校，我只想一个人，我讨厌班里的人……"我再也忍不住了，眼泪瞬间夺眶而出。母亲听了我的话，突然一愣。片刻之后，"孩子你说你讨厌学校，讨厌同学，行，我们就让你在家，可你想过没有，就你这样的性格不上学你能做什么啊。就算真的不上学了，你也得开心点儿，你每天哭丧着一副脸,你说到哪儿妈不都得担心你,你也这么大了,有些事情你该明白了,你自己好好想想吧。"听了母亲的话,我再次陷入了久久的沉默中。

说起来我算是一个性格孤僻的男生,喜欢独来独往,我行我素,从不顾及别人的感受。以前也有很多想和我做朋友的人,但最终都不欢而散了,原因很简单,他们都无法忍受我冷淡的态度,真正和我要好的朋友,只有两个和我从小一起长大的伙伴。我并不喜欢在外人面前流露出过多的感情,说过多的话,总是一副无所谓的样子。曾有个女生说我是一个外表冷淡内心狂热的人,这一点我不否认,但我所说的狂热是针对理想、抱负。不过,有时候我都觉得自己有点儿太异想天开了。

"你别把一切都想得那么简单,你还没到社会上去呢,就你这样,不是打击你,出门你就要被人骗。"见我不说话母亲继续说,"你好好想想,如果真是上不成了,那就不上了,不过你要答应妈不上学了你要每天开心点儿,多交朋友,改改你的性格,别总异想天开。"我到底该怎么办?心里完全乱了,母亲的话在我的脑海中久久萦绕。

## 完　结

母亲说的很多我也都能明白,只是……

其实,父母望子成龙、望女成凤并不是说非要子女将来都有一番成就,那只是期望而已,更主要的是,父母希望我们能过得比他们好,天天快乐就好了。想想从初三到高二,我也反反复复地闹了好多次,父母的心也早已被我伤透,到最后我得到了什么?也许真的是该长大了……以前的一幕幕场景都渐渐地浮现在我的眼前。

我们都还太小,那样的年少轻狂,总是习惯把一切想得过于美好,总是将父母的劝告置之不理,现在我们正值青春,有的是热血,有的是激情,可当沸腾的血液趋于平静,曾经的激情化为冷静,我们可以做到无怨无悔、坦然如初吗?

对于在青春里遇到的问题，无论如何我们都不能想着去逃避。每个人的青春都不是一帆风顺的，或多或少总会有一些事情使我们烦闷、苦恼，这些都是我们成长走向成熟必须要经历的，唯有经历过泪水洗礼的人生才是真正的人生。

　　夜，依旧那么静，天空中飘下了片片雪花，未来的我何去何从……

# 又寂寞又美好

宁小主

## 1

再次点开对话框,我看到阿墨好长一段话的回复。其中有些细碎的矫情,也有掏心掏肺的道歉,可能还夹杂着点点委屈。

然而靠在沙发上对着手机屏幕的我,却是大大地舒了一口气。

终于没有表白的话了。阿墨终于选择了诚实地面对自我,也肯认真地接受我的拒绝了。不再冲我装傻卖萌撒娇,疑似没看到我的拒绝留言,或者沉浸在自己营造的虚幻世界中不愿醒来。

有好些朋友都曾向我表示,阿墨这样认真地喜欢我,真是太幸运了。

言下之意是我实在不懂珍惜。

羊羊羊甚至在失恋后红着眼睛对我发誓,下半辈子一定要找一个像阿墨爱宁姑娘这般爱她的男子。

宁姑娘是我。

刚入寝室时,我是想过用舒这个姓氏的,然而舒婷是独立又极富才情的女作家,舒晴是《夏天》里那个肌肤如雪又冷傲优雅的小提琴手。怎么到了我身上,就成了"舒宁电器"呢?

于是她们一致喊我宁姑娘。

面对羊羊羊的百般羡慕,我只好微笑,也不去辩解。在她们未知的领域里,阿墨的死缠烂打给我造成的伤害不止一点点,他太过偏激的痴幻执念更像是一种病态,我也始终认为他爱的并不是宁姑娘。

阿墨一如他的名字,可以说是我青春中一道巨大的心理障碍,我曾经很长一段时间都活在他偏执的爱的阴影之下。

阿墨几乎把宁姑娘视为他的所有物。

可是这些我无法告诉她们,她们看到刚才阿墨的回复正震惊于他的放弃。

飘飘甚至说:"连阿墨都放弃宁姑娘了,我这辈子再也不相信爱情了。"

我苦笑了一下,认真地想了又想,其实阿墨喜欢我也没有犯什么十恶不赦的大错,我也不必见到他就退避三舍。

喜欢一个人又怎能说是种错误呢。

还是要谢谢这样一个在我青春中如此爱我的男子,想必此生我都不会再遇到这样的偏执狂了。

谁让一切都是源自于爱。

"谢谢你,阿墨。我们终会在爱而不得中长大。"我最后回复他,附带了一个大大的笑脸。

再无回复。

我想我和阿墨可能已经友尽了。

窝在沙发上,我默默叹了一口气。到底该欢喜还是忧愁呢?

## 2

众多室友中,只有婷婷明白我的悲哀来自何处。

那个迈进我心里的少年驻足的时间,可能比阿墨喜欢我来得还要长一些。

要是让羊羊羊知道，一定会魅惑一笑："哟，想不到我们宁姑娘还是个阿墨一样的痴情种呢。"

羊羊羊追她男神花了大半个学期，上个月终于到手，一直以来的明恋以二人成功牵手画上了句号；飘飘暗恋多年未果，却在上周的七夕节相亲捡到一枚大帅哥，终于重新开始；木子对她的竹马暗生情愫，最后两人以互相认兄妹收场，她在七夕当天笑着唱"分手快乐，我会找到更好的"；就连最不抱希望的婷婷，也终于在自己的辣手摧花下将学霸君收入囊中。

还剩下我。这个寝室里只剩下我，一腔孤勇地坚持了五年，却一次次地在快要成功之际被阿墨的告白终结。

她们却还边晒幸福，边说着："有阿墨这样喜欢你，真是幸福呢。"

幸福吗？这种幸福真是巨大的悲哀。如今她们告别单身都去幸福了，木子也跟着一大把男闺密去KTV狂歌，只有我，最早开始，也坚持最久，却没有结局。

只好一个人待在冷清的宿舍里，将刚写好的稿子打出来。

阿墨一样，我亦是如此。

一如我说的那般，我们都会在爱而不得中长大。

## 3

在我心中停驻多年的那个男子是骆霖。

最爱的女诗人舒婷说过，幸福虽不可预期，但少女的梦，蒲公英一般徐徐落在海面上。

那个时候，他还是少年模样，白衬衫，牛仔裤，运动鞋。故事太简单，悲伤哭泣的女孩儿，一条白手帕，一道清冷的声音，被温润如斯的少年夺去了魂魄。

一颗芳心许出之后再也收不回。

婷婷对我说，笨蛋，一条白手帕而已，早就该放弃了，以后还会有一款女士钱包，一双高跟鞋，一枚银戒指……更好的会在前方。

可那都不是他。那都不是青春。

是早该放弃了，那条白手帕，洗得干干净净，整整齐齐地叠在书桌角落，无人问津。

可那个少年，却被摆在心脏中最显眼的位置上，拨弄心弦，时不时抽痛一下。

我本就是个极恋旧的人。

## 4

后来。羊羊羊因和男神脾气不合最先分手，笑着告诉我男神果然是只可远观而不可亵玩焉，却又红着眼睛发誓下半辈子一定要找一个像阿墨爱宁姑娘这样爱她的男子。

木子与竹马哥哥吵吵闹闹，终被分隔两地，死了心。

婷婷也因怕耽误学霸流着眼泪离开了。

只有飘飘仍是幸福进行时。

婷婷忽然对我说："宁姑娘，其实你才是最幸福的，就这样一个人喜欢骆霖，没有那么多分分合合，也不会有那么多大起大落。做一个陪他谈天说地一起成长的美丽红颜，在他心中想必也是独一无二的。像我们这般，感情终将被时间消磨，只剩下琐碎的生活。分开后的记忆也是疼痛的。"

她说我的爱恋又寂寞又美好，无所需求，满腔热血，甚是美丽。

也许正如婷婷所说，没试过永远不能说两人不适合，试过了才分开是真的不合适。

这样想来，我的这种生活，真真是又寂寞又美好呢。

## 5

最后我想交代一下阿墨。

因为我的拒绝,他消沉了许久。

我冷然拒绝,别指望我,这得靠他自己缓过来。

我去的话可能会起到暂缓疼痛的作用,然而失败的感情还是需要自己调整,只有跨过心里那道坎儿,才能雨过天晴,真正放手。

这些日子我不也是一个人挺过来的吗?

我想阿墨很快就能明白这些,真正地好起来,重新做回原来那个意气风发的阿墨。

原本的阿墨很优秀,可惜对不上我的胃口。

这样善良优秀的阿墨,这辈子一定会有个好女孩儿爱他如生命。

我想阿墨终会找到她。

我想我们也一定够幸运,都会找到生命中那个对的人。

这样带着星星点点期盼的等待,一如火花的燃起,又寂寞又美好。

## 6

冬去春又来,在年轻的生命里,就该有些阳光,有点儿自由,还要有一朵蔷薇。

然后,安逸地等待一枚银戒指,牢牢地锁住女子的无名指。

这样的女孩儿,又寂寞又美好。

## 每个女孩儿最后都要幸福

　　我牵了下他的手说，就算我们在一起过了，然后跟他平静告别。

　　可我转身的一刹那就哭了，我怕哭出声所以就用跑。我知道苏晨不会挽留我。我曾幻想的天长地久最后只是一个人的地老天荒。

　　后来有个人也说喜欢我，每次看他使劲逗我开心就像看到彼时的我。我们每个人在另一个人眼里，也是一道绚丽的风景线。

# 每个女孩儿最后都要幸福

陌忆

### 苏晨，我喜欢你

我是被一阵吵闹声叫醒的。

瓜子的声音尤为突兀，尖叫起来特别像是古时皇帝身边的公公："喂，苏晨，别睡了，周羽安又来向你告白了。"

我一个激灵猛地抬起头，差点儿把脖子都给扭到，抓起瓜子的领子问道："周羽安？她这几天不是发烧请假在家休息吗？"

瓜子咳了咳，甩掉我的手，刚要开口说什么，一个声音非常响亮地响起："苏晨，我喜欢你，我们约会吧！"

我气结，快速走到窗台边向下望。女孩儿扬着头，手上拿着小型扩音器，细碎的短发纷纷扬扬散在两肩。阳光很明媚，洋洋洒洒落在她周围，晕开一层很明亮很温柔的光圈，连她嘴角隐隐浮起的小梨窝都能看得清楚。

看热闹的同学对我揶揄道："行呀苏晨，你的这朵桃花开得够长久呀，你就从了周羽安吧。我们都替你着急。"

我翻了几个白眼给他，转身朝楼下走去。周羽安一看见我三步并作两步跑过来，扬着笑容说："苏晨，我这几天没来你想我没？"

我叹气，语气有些无奈："周羽安，有女孩子这样告白的吗？你懂得矜持两个字怎么写吗？"

"矜持能当饭吃吗？喜欢就得大声说出来呀！"周羽安语气笃定，表情依旧微笑。

又是这么一句话。我看了看周围捂嘴轻笑还有为周羽安加油打气的同学，顿时有些火大："拜托周羽安，不管你怎么说我还是那个答案，我对你没那意思。"

"没关系，我喜欢你就行。"周羽安这毅力，我想她不去跑马拉松真是浪费了。

我突然就不知道要对她说什么了。我一直觉得很奇怪，告白这东西不是很浪漫的吗？女主角不是应该很羞涩脸红地递上一封带着芳香的粉红书信、面若桃花、声细如蚊地说情话吗？怎么一到周羽安这儿就跟抢亲似的？

"没关系，苏晨，我等你来喜欢我，将爱情进行到底。"周羽安说得豪情万丈，踮起脚拍了拍我的肩膀，然后又问道，"我没来这几天，你真的一点儿都没想我？"

巴不得你别来呢。刚想说些什么，周羽安突然就打断了我："算了，我这心正淌血呢，你也别往上撒盐了。我回教室去养精蓄锐会儿，待会儿再接再厉。"说完自顾自地转身就走，还很做作地转头用哀怨的眼神瞥了我一眼，好像在控诉我的冷血无情。

你见过周羽安这种三天两头跑来告白，遭到拒绝却再接再厉把小强精神发挥得淋漓尽致的女生吗？你见过会当着全班同学的面站在讲台上对男生表白还抛媚眼结果眼抽筋的女生吗？你见过有哪个女生每天风雨无阻守株待兔地在教室门口等着男生一起离校吗？没有吧！所以周羽安就是个奇葩，谁被她缠上比粘到牛皮糖还黏。

我说这么多其实就只想表达一个意思，周羽安不是人，她就是个神啊！

如果你是那个被周羽安喜欢上的男生，你就能体会我的心情了。

## 有女如"安"

要是说这辈子有什么让我后悔的事,大概就是七岁那年帮周羽安从一帮小屁孩儿手里抢回布娃娃吧。因为就是从那时候开始,我身后就跟了周羽安这条小尾巴。更让人无语的是,幼儿园、小学、初中、高中,我们竟都同在一个学校,还有比这更狗血的事吗?

小学那时还好,虽然黏人但也不像现在这么过分,至少不会三天两头地拿个小喇叭不顾众人目光动不动就喊句:"苏晨,我喜欢你。"

至于周围的学生为什么能如此淡定地面对这件事,这得夸周羽安的人气高呀。成绩自不用说,从老师对这事睁一只眼闭一只眼的情况来看,她就是有意偏袒这个总名列前茅的三好学生,而周羽安在高一为了帮一个学生抢回被抢的背包与歹徒奋战到底的英勇事迹被大肆报道、添油加醋、一传十十传百的名人效应可谓在A中史无前例的热烈啊,连校长都出面表扬,让她的人气更上了一层楼。

我其实不讨厌周羽安,只是我不喜欢她自以为是的性格。好像她做什么都是理所当然的,从不顾及别人的感受和处境,比如自从周羽安高调地说她喜欢我后,几乎所有人谈起我总要在前面加上"周羽安"这三个字。

"哦,周羽安喜欢的那个苏晨呀……"

好像我是因她而存在的。

## 不喜欢周羽安的理由

中午到食堂吃饭毫无意外地又碰到周羽安。她端着盘子坐在我对面,吃一口就抬头看我一眼,然后又傻笑着低头再吃一口。

"你能不能消停会儿,吃个饭都不能安静吗?"我实在被她看得头皮发麻，抬头瞪了她一眼。

周羽安笑得很是无害，无辜地说道："我说什么了？我不是一直很安静地在默默吃饭吗？"

"……"周羽安你难道不知道你的眉毛出卖了你的眼睛，你的眼睛出卖了你的心吗？

我快速吃完饭准备离开食堂时，周羽安突然塞给我一条绿箭口香糖，笑得很是谄媚，"苏晨，清新口气，你我更亲近。"

"……"周羽安你真是物尽其用，连句广告词都能拿来告白。

瓜子不止一次问我："我说苏晨，周羽安有才有貌的，而且十年如一日地吊死在你这棵破树上，你到底不喜欢她哪一点啊？"

这个问题就像问我为什么喜欢吃牛肉却不喜欢牛这种动物一样。我沉默片刻给了他两个字："她烦。"

确实烦。烦到有时在睡觉梦到她时我都能身临其境地听到她絮絮叨叨的话语。

"身在福中不知福！要是有个像周羽安这样喜欢我的女生，烦到我神经衰弱我都乐在其中。"真是站着说话不嫌腰疼的家伙。周羽安就是有这本事，让身边所有的人都为她抱不平。

### 苏晨，我要对你好

周二和隔壁班打篮球赛，接连几场对方都被我们压得死死的。最后不知道是恼羞成怒还是孤注一掷，一个男生突然很用力地把球投到篮球筐，结果用力过猛篮球砸在篮球板上又反弹了回来，我很不幸地成为被命中者。

"哇……"观众席传来一声声惊呼，其他队友也围了过来，争先恐后地察看我的伤势。我捂着被砸伤的额头直说没事，别大惊小怪的。忽然一个人风风火火地跑过来，一下子就把正伸手要扶起我的男生推到一边，气呼呼地说："事后才想起补救的人就是猫哭耗子假慈悲！"

是周羽安。我抚额叹息，她跑来瞎凑什么热闹？！

"苏晨，我们去医务室吧？"周羽安的脸皱成小小的一团，好像被砸到的人是她。

"拜托，这点儿小伤你们还要讨论多久？"我站起身，对他们说道，"继续打吧。"

"算了，今天是我操之过急了，抱歉呀。"男生挠挠后脑勺，看我的眼神被身旁的周羽安给瞪了回去。

最后我还是去了医务室，准确点儿说，是被周羽安给拖去的。瓜子说我再不去的话可能就得上演一出周羽安哭倒A中学校的神话了。

是的，周羽安哭了。在医生帮我把药涂在伤口时，周羽安就哭得好像我就要撒手人寰了似的。

"这位同学，小事而已，不用担心。还有你……"医生拍了下我的肩膀，"你不会安慰下你的黛玉妹妹吗？"

我无奈地抽了一张面巾纸塞到周羽安手里，没好气地说："姑奶奶别哭了，真的没事。"

她抬起头，眼睛红肿得像一对核桃，指了指我的额头，抽抽搭搭地说道："这里，曾经为了帮我拿回布娃娃流血过。"

我一愣，略一思虑才想起她说的是七岁那年。当时也是年少，做事都没想到后果，帮周羽安抢回布娃娃后，其中一个孩子不管不顾地拿起手边的石头就砸在我头上。当时缝了五针，现在还能看到一行淡淡的疤痕。

"苏晨，我会对你好的。"周羽安说得信誓旦旦，就像那个时候，她紧紧抓着我的手，哭得很是凄凉，她说，"苏晨，我会对你好的。"

转眼十年过去了，当时的小女孩儿已蜕变成一个亭亭玉立的少女，可她还是那么爱哭。

我心一软，手落在周羽安的头顶拍了拍，说："笨蛋。"

她的嘴角有浅浅的笑纹，脸上还挂着泪痕。乍一看，竟有种"我见犹怜"的无助感。

哇，这心跳加速是什么情况？

## 苏晨，我会帮你的

我在医院门口看到周羽安时说不惊讶是不可能的。

"周羽安？这么晚了你怎么在这里？"

周羽安迅速抬头看了我一眼遂又低下头，答非所问道："刚才医生以为我是病人家属，他说阿姨的病要是再不动手术的话会危及生命的。苏晨，你为什么从来不说？"

"这不关你的事！"我也不知道为什么突然觉得有些生气，像是一直不能说的秘密被打碎，散落了一地的无能为力。

身后久久没有传来声音，我握着门把的手一顿，转头时看见周羽安低着头站在离我几步远的地方，走廊的灯光很明亮，她置在灯光的发源处，远远看去整个人好像要被这道光给吞没了一般。

她的声音很小，表情有些受伤有些委屈。我听到她说："苏晨，我就这么惹你烦吗？"

我张张嘴，最后还是说了句："周羽安，回家去吧。这是我自己的事。"

然后我听见周羽安说："苏晨，我会帮你的。"

第二天我请假待在医院看护母亲。我想去找父亲，虽然他们已经离婚，但一日夫妻百日恩，他不可能坐视不管。

哪知一打开房门，瓜子还有几个同学就拿着果篮走了进来。瓜子捶了我一肩膀说："还把我当兄弟不？这么重要的事怎么也不说一声？"

我皱眉，嗓子发干，说出来的话干涩无比："周羽安说的？"

"喂，苏晨，你好好感谢周羽安吧。她昨晚就打电话给班主任说明你家发生的事，今天一早又号召同学开始募捐阿姨的手术费。你一个在校学生哪里有这么多钱？多亏了周羽安……"瓜子说得眉飞色舞，突然瞥见我渐渐沉下来的脸，顿时觉得不妙，"苏晨，你拉着个脸是怎么回事？"

我推开瓜子的手，匆匆说了句"出去一下"就往学校跑去。

## 苏晨，你就不能喜欢我一点点

到学校时刚好是下课时间。我发现自从进了学校就有人对我指指点点，语气唏嘘，像是我家遭遇了很大的不幸。托周羽安的福，我成了学校的风云人物。

我找到周羽安时，她正拿着捐款箱。有同学打趣道："周羽安，煞费苦心做这些事，是想让苏晨觉得欠你点儿什么好让他接受你的喜欢吧？"

周羽安瞪了他一眼，语气有些冲："乱说什么呢！"然后她一转眼就看到站在教室门口的我，表情有惊讶也有欣喜，"苏晨……"

我双手紧握成拳又松开，冷冷瞥了周羽安一眼，不发一言转身走了。

"苏晨……"我听见周羽安有些无措的声音。她从身后急急跑了上来拉住我的手，"苏晨，你怎么生气了？"

我看着周羽安，她满脸都是真诚和担心。但想起刚才在教室里听到的话，突然就觉得很厌恶，对周羽安一种莫名的厌恶，还有以前她对我的告白和喜欢，同学看我时眼神是不加遮掩的同情和可怜，还有一些蠢蠢欲动的冷嘲热讽……融在一起以一种排山倒海之势彻底摧毁了我内心的最后一丝理智。

"苏晨，虽然一时之间凑不齐阿姨的手术费，不过我们可以到别的地方再募捐，你不用太担心……"

"够了！你就不能收起这副菩萨心肠？"我手一挥，周羽安手里的捐款箱掉在了地上。"砰"一声，捐款箱四分五裂，里面的钱也散落了出来,在天地间飞舞哀号。

"周羽安,我说过,我是绝对不会喜欢你的,所以你不要再做这些无用的事。算我不知好歹,我已经很厌烦你了。你的喜欢太'昂贵',我要不起!"最后我几乎是咬牙切齿地说出这几句话。

"苏晨,我……"周羽安似乎被吓到了,嘴唇嚅动了半天都没能吐出一句完整的话。眼泪在她脸上肆虐,她拭了拭眼角,蹲下身开始捡地上的钱。

我的心一阵钝痛,好像牵扯着整个神经都酸麻起来。我要克制力多大才能说服自己不去看周羽安,不去帮她拾起地上的钱,不去跟她说声"对不起"……

"苏晨,为什么你就不能喜欢我一点点?"

我离开时周羽安还待在原地。她一边捡钱一边抹眼泪,最后整个人都坐在了地上,把钱攥在手里,似委屈又像丢了什么似的号啕大哭。

我承认,是一种叫作"男儿自尊心"的东西让我不低头的。我没办法接受以后有人说起这件事时说我利用了周羽安对我的感情。我捍卫了自己的骄傲,却踩着周羽安的喜欢和骄傲扬长而去。

我想,周羽安不会再喜欢我这种"浑蛋"了吧。

### 苏晨,这次换你看我的背影离开

接下来几天,我都请假在医院陪母亲。她的手术费已经有了着落,是父亲拿来的。他说:"苏晨,你有一群好朋友啊,要是没有他们的帮助,这么大的一笔手术费我也凑不齐的。"

后来我才知道那天我摔了捐款箱后周羽安又继续募捐。不过这次她是找了几个好朋友帮忙,自己没有再出现。

望着窗外的风景,我的眼睛涩得发疼。母亲说:"苏晨,太累了吧?眼睛红得都流泪了。"

我回到学校读书是在两个星期以后,同学们询问了几句,我一一道谢,却唯独欠了周羽安一句"抱歉"和"谢谢"。

临近期末考,我每天都在补习落下的功课。瓜子问我说:"苏晨,那天你对周羽安说了什么?这几天都没见到她了。"

我握着笔的手一顿,在纸上画出一道痕迹,不紧不慢地说道:"这样耳根子不是清静了许多?"

瓜子狠狠拍了下我的后背,咬牙切齿道:"真替周羽安感到不值。"

晚上放学准备回家已经是六点多了。南方夏末秋初的傍晚来得早,天微暗,秋鸟归巢。

"苏晨。"我正走出校门口,周羽安叫住我。

我们走在马路旁,周羽安买了杯欧吉奶茶慢吞吞跟在我身后。每次都是这样,只要和周羽安走在一起,我总是快她几拍,有时她会急匆匆地跟上来,有时我会放慢脚步等她,这时她就会笑得跟得了件宝贝似的。

可是这次,明显是她刻意放慢脚步,等了半天也没听见她的脚步声。我回头,她站在离我大约有两个人的距离。路两边已经慢慢亮起路灯,路中间车水马龙。

周羽安捧着一杯奶茶,站在华灯初上的街,对我静静微笑。看她这个样子,不知道为什么心口会涌起一股不舒服的感觉,"周羽安,你干吗呢?"

"苏晨,"她说,"这次,能不能是你向我走来?"

我皱眉,可想起还有一些话想跟她说,于是便依言走到她面前。周羽安抬头对我笑了笑,然后伸出手握住我的左手。

我微怔,还没反应过来她就已经松开了我的手。扬着刚才握住我的手说:"这样,我就可以认为我们牵过手,在一起过了。"

"周羽安……"

"苏晨,也许你说得对,我确实有些烦,还有些自以为是。我以为只要一直喜欢你总有一天你也会喜欢我的。可我忘了,有个词叫作物极必反。"

她低着头踢着地上的小碎石,整个人看起来愈发娇小。

"每次都是这样,说出的喜欢得不到半点儿回应,还惹你讨厌,所以苏晨,"她仰头对我张扬地微笑,"我要放下你了,哼哼,反正是你吃亏,失去了我这么好的女孩儿。"

我被周羽安的这番话整得一头雾水,方后知后觉,周羽安是说,不喜欢我了。所以以后,就不会有周羽安这块牛皮糖了。

"苏晨,那我就先走了。哈哈,这次换你看我的背影离开,好不好?"

我想我应该松一口气的,可是在看到周羽安有些落荒而逃的背影时,心却空落落地难过起来。

### 周羽安,我想我是丢了你了

瓜子说:"周羽安终于弃暗投明了。可喜可贺啊!"

我把书蒙在瓜子的脸上,没好气地说:"拜托,把成语好好学学再来用吧。"

我知道瓜子的意思。这几天走在路上如果碰到周羽安,那她身边一定有个叫"韩博"的男孩儿。就是上次班赛时把篮球不小心砸到我额上的那个男生,听说他就是那一次对周羽安一见钟情的。

有一次,看到周羽安抱着书沉着一张脸走在校道上,旁边的男生对她嬉皮笑脸,周羽安竟恼羞成怒地把书拍在男生身上。男生边躲开她的"攻击"边打趣道:"哟,怒了怒了。"被狠狠拍了一下又说道:"喂,谋杀亲夫啊你……"

我站在树荫下,看着一脸气呼呼又无可奈何的周羽安,突然觉得有些陌生。因为很多时候我看到的她都是一脸讨好的笑颜,还有在面对我的冷眼冷语时故作开心的样子。

她看到我后只是微微一怔,继而明媚地对我扬手微笑算是打招呼。我看着她一边走一边追打着旁边的男生,阳光毫不吝啬地洒在他们身上,金亮亮的,晃疼了我的眼睛。

周羽安,我想我终于丢了你了,从你可以安静微笑地从我面前走过留下一个背影开始……

你见过周羽安这种三天两头跑来告白,遭到拒绝却再接再厉把小强精神发挥得淋漓尽致的女生吗?你见过会当着全班同学的面站在讲台上对男生表白还抛媚眼结果眼抽筋的女生吗?你见过有哪个女生每天风雨无阻守株待兔地在教室门口等着男生一起离校吗?没有吧!所以周羽安就是个奇葩……

# 红　日

暖　夏

## 1

人类很多无穷尽的灾难都是从自夸开始的。

在阳光体育的号召之下，本学年的体测又开始了，许多体弱的女生也陷入了无限痛苦的轮回。把牛奶当早饭、苹果当晚饭的她们现在不得不把照镜子的时间花在操场上，为即将到来的八百米殊死奋战。不得不说，这对林妹妹似的女生太残忍了，有一次我亲眼看到一个女生用尽生命的力量去跑八百米，然后在离终点线五十米的地方猝然倒地，不省人事地被小男友拖走了……

因此，自习课上大家讨论的话题不再是偶像剧和数学老师牙齿上的海苔，而是八百米和挂掉八百米的可能性。

我那个一眼看过去就知道铁定要挂的同桌问我，"林莹，你八百怎样？"

我实事求是地回答："三分十五秒啊。"

刹那间，我前后左右的女生都停止了有需求没结果的对话，纷纷向我投来了期待和过早感激的目光。

于是，女生们纷纷去教务处预约了不同的体测时间。

周一，我扎着马尾在操场晃荡；周二，披散头发的我在操场狂奔，听说造型有点儿像晚年的贝多芬；周三，我借了大姐那副在紫外线下会变成黑色的眼镜；周四……负责八百体测记录的同学终于忍不住了，他拿笔杆敲打着不知道是谁的学生证，"同学，你看上去真的很可疑。"

早就料到在河边走会有风险。我朝他招招手，他半信半疑地凑过来，我从布兜里掏出一把糖塞在他手里，"……同学，通融一下，跑八百的，都不容易啊……"

他用盯大猩猩的眼光打量我一下，突然摇着头笑一声，"好吧好吧。"

跑完八百，我替跑的那女生跑过来，奋力敲击着自己的小心肝，"吓死我了！心跳好快！"

……明明刚跑完八百的是我，面色潮红呼吸急促的也应该是我好吗！"你怎了？"我乜她一眼。

"你不知道刚才审查你那人是谁？他是校体育部部长！"

"哪个哪个？"我还没太绕过来。

"就是那个收你糖的黄毛！你看他很随便的样子，其实手腕可硬呢！真害怕他把你扣下了，那倒无所谓，关键是我学生证还在那儿呢！"

典型吃了吐，我决定在她同意请我的那顿晚饭里好好"回报"一下。她突然眼神锋利地一闪，转身就跑，"晚饭见！"她用持续高速跑了将近八百米，直到消失在教学楼里，真怀疑她自己跑八百米能破校纪录——她逃跑的原因是，传说中那个"手腕可硬"的体育部部长正用相同的速度朝我逼近。

他一阵长跑后停在我面前时竟然大气不喘，"同学，麻烦下午第四节来一下校体育部。"

我有点儿紧张："……送、送糖不管用吗？"

他挺正经地说："是不太管用……呃，别那么紧张啊，跟你开玩笑的，是好事情。下午不要忘记了。"

2

一个跑了四次八百米严重违反《中学生行为规范守则》（没有做到注重仪表、诚实守信和遵规守纪）的人怎么会遭遇好事情？但在"我送的可是阿尔卑斯、大白兔和金丝猴，好贵的！"这种坚定理念的指导下，我还是决定单刀赴会。

去的时候正赶上他们体育部开完例会，干事们正三三两两往外走，部长坐在里面的椅子上挺随和地朝我招招手。远去的干事们时不时回头好奇地瞧我几眼，还有几句不正经的八卦飘过来："这女的谁呀？""部长的新女友？哎？那你怎么办？""呸呸呸，你才喜欢部长呢！"据研究表示，各校体育部的女干事都对自家的男部长都有一种莫名的情愫，据我个人推测应该是有一种对待慈祥父亲般的感觉……

部长有点儿疲倦地敲敲桌子，"坐。"

"部长，我……"

"青松，我叫青松。"

我愣一下，"啊，啊，我叫林莹。"

青松低头翻着文案，夕阳落在他蜷曲的发尖，轻轻松松地跳着舞。"嗯，我知道，你初中时曾经获得市公开网球赛第三名。"

我摸摸脑袋，"不过好久没打了。"

"是这样的，网球在各个学校都还是新兴事物，现在咱学校想领先办一支网球队伍，需要一个领头人，不知道你有没有兴趣。"

我呆了一呆，闯入脑海的不是那个黄色飞舞的毛球，而是一顿冰凉的晚饭。半晌，我缓慢地摇头："不，还是不了。对不起啊。"

这下轮到青松愣了："你不喜欢？"

我盯着他蜷曲的发尖，"不喜欢。我，很讨厌打网球。"

不记得怎么告别的青松，也不记得怎么走下那漫长的台阶，只记得单调的脚步声不断在空荡的走廊里回响，像一首寂寞的怎么也唱不完的歌。

## 3

以前的我很讨厌跑步，每次跑八百都会被我以肚子痛、老师叫我去办公室、忘记交作业了等各种理由逃过，后来开始学打网球，我的网球教练教我，把跑步当成一种发泄的方式，心情不好的时候就跑一跑，很累很累的时候就什么都不会想了，这样还可以把步伐和体力练好，一石二鸟啊！那时候的我，很爱网球，为了打好网球什么都肯做，于是不管开心不开心我都会围着操场一圈一圈地跑。记得那时候夕阳总是洒满整个操场，所有的人都是金色的，所有人的灵魂都被镀上了最纯粹的颜色。

也就是从那时候开始，我相信热爱运动的人都是单纯快乐的。

哪怕是一厢情愿地相信着。

那一天我围着操场跑了八圈，四个八百米，要是被那些等着我给她们跑八百米的女生瞧见了肯定会心疼这些无缘无故丢失的八百米。跑完之后脑子果然放空了，只听得见自己的心跳，有力地充斥了整个世界。

回家后妈妈凑过来闻了一下，皱眉，"那么浓的汗臭？又运动啦？"

我把书包扔在沙发上，去洗手间洗脸，水声让声音变得闷闷的，"没有，只是体育课。"

"那就好，都高中啦，别成天搞些没用的。"她唠唠叨叨的声音伴随着切菜的声音断断续续地传入耳中。

一时间，所有的疲劳涌上心头，哗哗的水声中，我看见镜子里的自己疲惫不堪。

坐在书桌前却没什么心思写作业，按下单放机的播音键，铿锵有

力的歌声迸发出来,是李克勤的《红日》:

> 命运就算颠沛流离
> 命运就算曲折离奇
> 命运就算恐吓着你做人没趣味
> 别流泪心酸更不应舍弃
> 我愿能一生永远陪伴你
> ……

闭上眼,零星的碎片在脑海里飞逝,艳阳天,飞过天空的鸟群和黄色小球,裁判打着手势喊比分,对手拿球拍击打着球网,懊恼的神情,狂喜的神情……

心里的火苗逐渐盛大,被尘封的激动情怀逐渐复苏,手心变得痒痒的,一些被忽略的感觉在这一刻突然被放大,变得无限强烈——怀念握住球拍的感觉,怀念击打网球结实的声音,怀念跳跃与奔跑的生命感,怀念获胜那一刻想要尖叫的冲动……

妈妈从窗户里探进头,"音乐声太大啦!听一会儿就行了……还有,"她有点儿迟疑,"你最近又打网球了?你把球拍拿走了?"

郁积已久的愤怒终于在这一刻爆发了:"我没有!你们不让我打网球,我已经不打了,现在连最基本的运动都要横加干涉?你们到底想怎样?让我变成学习的机器?太好了!变成一台只会算数的计算机!"

妈妈惊愕地张着嘴,门口传来开门的声音,然后是爸爸略带愉快的声音,"怎么了?老远听见莹莹在大吼大叫的,女孩子家家的啊!哎哟,今天和老王去打球了,差点儿把我的老腰给闪了……"

我余怒未消地盯着妈妈,她拿眼神射杀了我一遍,然后拎着锅铲走了,加入了爸爸"腰闪那今晚就拔罐呗"的转移性讨论中。

我和妈妈陷入了冷战——这在他们阻止我打球的两年中,十分惯常。饭桌上,捂着腰的爸爸试图调动起愉悦的气氛,可每次都被掐灭在

"嗯""哦""还行"的敷衍式回答中,最后,他拿筷子愤怒地敲了敲碗沿,"你们又怎么了?"

"你闺女要打网球!"

"我妈不让我上体育课!"

似乎就等着爸爸的这一刻,我和妈妈同时奋力告状。爸爸呆了一下,"……啊?"明白起因后,爸爸略带惆怅地夹了一筷子莜麦菜,放在嘴边了,又重新丢回碗里,"莹莹啊,之前不是你自己说的吗,没打第一,就不打网球了吗?而且现在高中了,课业很繁重,打球的确很影响学习……不是不让你打,上了大学之后,你可以随便打啊。"

父母总是拿这样的话来搪塞我们,小时候说,等我们长大了;高中时说,等上大学之后;上了大学,是不是又会说等工作之后呢?我们究竟有多少青春可以肆意挥霍?好多事情,如果不在特定的时间去做,就再也没有这样的好味道了啊!

真的不知道该怎么和爸妈辩解,又想起两年前打第三名那个晚上的冰冷的晚餐,最终我也没能战胜固执的父母,把网球包放进角落,等着一层一层的灰尘把它掩埋,一同掩埋掉郁郁寡欢的青春。

## 4

家里在不痛不痒地闹着冷战,学校的日子也不好过,青松似乎认定了我是网球队队长的不二人选,还鼓动左邻右舍来骚扰我,逼得我终于对前来游说的体育部干事发了脾气:"告诉他!搞定我爸妈我就打!"

结果,在三天后的一个晚上,我爸妈齐刷刷地坐在饭桌对面,一人端着一碗米饭凝视我。

"……我今天没跑步!"我辩解。

妈妈和颜悦色,"莹莹,我们谈谈打网球的事吧。"

我筷子里的莜麦菜"吧嗒"掉到了碗里。

第二天我火急火燎地冲进体育部，就差拎着青松衣领来回摇动来问他到底是怎么让我爸妈妥协的了。

青松狡黠地一笑，"很简单啊，你爸妈不就为了让你高考得高分吗，我就告诉他们，网球打得好，高考也是有加分政策的。"

"真的有？"我将信将疑。

青松看了看天花板，"……好像没有。"

"喂！"

"安啦，据我所知，你学习好像很不错的样子，你只要一直考出来高分，不就没问题啦！"

"说得简单！你考一个看看啊！"

"我听说，你非常非常喜欢打网球吧？"青松正色道，"如果一个人足够热爱，那么他一定会拼尽全力做好所有相关的事情。现在有个机会，你可以向全世界证明——你可以做到。"

青松的眼睛很亮很亮，像黑天鹅的羽毛一样。

——终于明白，为什么同学说他的手腕很硬了，这样有力的游说，真的很让人心动啊！

## 5

重新拿起球拍的那一刻，真的有一股鼻子发酸的感觉。命运这样的颠沛流离，可是有你的陪伴，我真的不舍放弃……

单放机里的《红日》还在循环着，命运也将这样往复下去，不管未来怎样，我已做出了这样的抉择，就像当初决定好好地练习八百米，那时候的我，怎么能想到可以成为八百米的黄金替跑选手呢？命运总会回报我呢！

# 时光不见深处

青果先森 c

## 1

一周一次的班会上,班主任在讲台上唾沫横飞地讲着和班会主题基本不挨边的各种套话。

我在底下一边摆弄手机一边装作很认真地听他讲话,不时敷衍地答应一声。而我旁边出了名的好学生顾天硕却很认真地在做笔记。我一瞥,那密密匝匝的字甚至比班主任说的还要多。

"下面我让同学们来谈谈自己的感想。就从语文课代表开始吧。许默你说说。"

我手一抖,手机差点儿没飞出去。

我慢吞吞地站起来看看黑板上写的"应试教育对中国学生的影响",又看看班主任热切的眼神,用出了撒手锏——向现场观众顾天硕求助。

我碰了碰他的胳膊肘,示意他帮我想词。他立马会意,悄悄说了一句话,我便起了个扩音器的作用把他的话原封不动地说了出来。

"万般皆下品,唯有读书高。"此话一出,气氛顿时活跃起来。班主任靠在讲台上,扶着他那比常人大几号的脑袋笑着看着我说:"你这是来捣乱的吧？欺负我是英语老师我不懂语文不懂历史是吧？你这是谈应试教育吗？你整个儿一封建科举制度的追随者。"

然后我才在一片欢笑声中知道了一个对我来说非常新鲜的事——原来当年坑了孔乙己一生的科举制度的宗旨就是"万般皆下品，唯有读书高"。

另外我还发现了顾天硕是个"腹黑男"。

我的这句话被当作了班会的一个收尾，却让我憋屈了很久。

## 2

放学的时候我留下值日。顾天硕磨磨蹭蹭半天不走，我颠覆了自己的淑女形象，左手拎着扫把右手提着簸箕，小指上还挂着一块抹布，以一种劳动版自由女神像的姿态，杵在距离顾天硕身边几米处。

我直挺挺地站在那里，眯缝着眼睛用兔斯基般的眼神，盯着在我四周做不规则运动的顾天硕。他似乎有话要说，但是欲言又止。两步一回头地瞅瞅我，喉结动动叹口气又走两步回头看看我。

让我不禁想到了赵丽蓉老师那句"探戈就是蹚呀蹚着走，三步一蹚呀嘛，两啊两回头"。跟他耗了大概有两分钟，我实在忍不住抡起扫把照他脑袋上就拍了一下，愤然道："有事就说没事就走，你在这儿挡着，我怎么扫地啊？"

他揉着脑袋一脸无辜地看着我："有事。没事我在这儿干吗啊？"说完他从衣兜里拽出了一个信封。

这是我梦里出现过无数次的童话般的情节。男孩儿在夕阳的余晖下默默和我对视，手里拿着精心码好的情书。这时候应该有风吹过，窗帘在我们之间飞舞着。

正当风流年少，岁月静好。

我被突如其来的变故弄得不知所措。明明班会课上还在恶搞我的顾天硕此时此刻居然如此柔情似水。

"你……这……什么意思？"我有生以来第一次结巴。

顾天硕羞赧地笑了。我以为他开口会是那三个字或者那四个字，可是没想到他张嘴说："这是我妹给我的……让我转交给你表哥。我跟他不熟，所以……所以……"

我恨不得把簸箕里的垃圾全都扬到他脸上。

顾天硕如释重负地吁了口气，转身便走，出了门之后又想起什么似的折回来对我说了一句："许默你这造型真的很大妈。"

我毫不犹豫地把抹布丢了过去，他一闪身撞到了门框上，发出沉闷的巨响。这时候我才乐出了声。

## 3

毕竟我还算个有责任心的人，既然顾天硕求我转交情书，我就不可能扣下它。

我是住在表哥家的，所以值日之后我乐颠颠地跑到他家。这时候他爸妈还没回来，他一个人在厨房里鼓捣着我这个厨房白痴这辈子也学不会的菜肴。

我跑到厨房摇着他的肩膀说："嘿，你有喜欢的人吗？"他皱着眉说："别闹。"我用尽全身力气摇他的时候，他拿着铲子用力撞击灶台旁的瓷砖说："叫你别闹别闹你偏不听！菜都煳了！"

当我发现我晚上只能吃一锅不明物体的时候我变得无比沮丧，就顺手把信塞到他上衣口袋里，闷闷地说了一句"顾安安给你的"便离开了厨房。

我看见表哥呆了一下，关了火，慢悠悠地打开那封信。

"顾安安亲手交给你的？"表哥问我。

"不是。顾天硕给我的，让我给你的。"

表哥思忖良久，撕了信。

表哥转移话题："你有没有想过谈恋爱？"

"我？"我稍稍怔了一下，"怎么可能。都初三了，我可是要考一中的人。"

表哥坐在厨房的水桶上，夕阳从他背后钻出来，倾泻到我脸上。他逆着光，让我看不清他的表情。

"我……就那么回事。学不学都一个死样。我下定决心去职高了，所以我怎么样都行。但是你得好好学，不许分心。"

我更加不解了："顾安安喜欢的是你，不是我。现在扯我的事干什么？"

表哥沉默了许久，说："吃饭。"

## 4

日子还在继续。安安依然在追表哥，我也照旧每天保持着吃饭、睡觉、玩手机，打顾天硕。

顾天硕还和从前一样每天和我看都看不懂的数学题搏斗，有时候冷不丁被我打一下，吓得半天回不过神儿来。

如果非说日子有什么和以前不一样的话，那就是春天来了。

顾天硕一脸酸样地长叹："我的春天还会远吗？"

我挑着眉看他："不远了。但是恰好在你的春天向你奔来的时候，它一不留神摔死了。"再后来有一天，顾天硕在书包里无意翻出了一封情书。我凑过去要看，他一打开我俩都愣了。

这又是顾安安给表哥的信。

顾天硕的额角分明流下了成股的冷汗。他喉结动了动，问我："上一封信，你拆开看过没有？"

"我是那样的人吗？"我翻翻眼皮做鄙视状瞟了他一眼。

他看着我，好像有话要说，但是最终还是没有开口。

5

也许是被我压迫得太久了，穷苦民众顾天硕终于决定推翻我这个大地主的霸权统治。终于，他在一堂自习课上……抢了我的手机。

当时我在和闺密狂发短信大聊关于她考美术学院的事，他直接把手机塞到他的衣兜里。

"说吧，你想干吗？"我哭丧着脸问。

"不干吗……你把这个写了我就还你。好不好？"

他掏出几张文言文阅读的卷子道："下课之前写完我就还你，写不完我就把手机给班主任玩玩。"

我骂他是周扒皮他祖师，他一推我脑袋说："快写。"

后来顾天硕抢我手机就抢上了瘾，甚至还抢我手机逼我好好听课。

再后来我就发现手机也没什么好玩的，就基本告别手机努力学习了。

6

我和顾天硕的冲突真正爆发在校庆节目彩排之后。他是调音师，我是有一个独舞在身的演员。偏偏在彩排两天前，我因患重感冒间歇性发烧，整天步子都轻飘飘的，彩排的时候险些从舞台上摔下去。

我下场之后顾天硕劝我取消自己的节目，我不肯，他就拒绝在我跳舞的时候调音，甚至把后台存的我节目的背景音乐删掉了。

我把我手里的笔盒狠狠地甩向了他的桌子。随着金属与桌面撞击的那一声巨响，我和他的生命分开了两个岔路，渐渐再无交集。此后我坚持不和他说一句话，他亦是如此。

这是我们唯一默契的一次。

## 7

后来的后来，我们经过了一模二模各种模拟考试，终于走进了中考考场。

我突然想到很久以前我和顾天硕的对话。

"许默，你打算考哪个学校？"

"一中。"

我知道顾天硕这种好学生是一定会考一中的。我不得不承认当初我想考一中有一部分原因是因为他。而彩排的时候我发现他根本不会考虑我的感受之后，我的目标就变了。所以在后来我填志愿的时候，把心里幻想了无数次的一中的名字换成了三中。

所以我们再也不会相见。

所以我们照过毕业照吃过散伙饭之后各奔东西。

所以我只能在无数个夜里拿着毕业照，看着上面的如风少年，回忆起我们坐在一起的小时光。

我和顾天硕……真正断了联系。

高一寒假，年三十，我和表哥窝在奶奶家的沙发里看电视，有一搭没一搭地聊着天。他突然想起什么似的问我："你和顾天硕怎么样了？"

我呆住："什么怎么样了？"

这回轮到表哥呆住："临到毕业他也没说过喜欢你吗？"

## 8

我才知道很多以前的事。

比如说顾天硕曾经给我写过情书。可那封情书只有两个人看过，一个是他，一个是表哥。

那一年表哥怕误了我学习，把信撕碎扔到了厨房垃圾桶里。

比如说顾天硕抢我手机是为了让我不受干扰地学习。

比如说他在班会上恶搞我是为了让我长记性，以后好好听班主任讲话。

再比如说，他蛮横地删了我的节目，是因为不忍心看我带病演出。更不想看到我再次跌倒的样子。

他怎么会知道，如果是别人对我做这些，我早就会和那个人撕破脸皮了。

这一切，都随着表哥撕开的信纸，被遗弃到了时光深处。

"他当年给我写了什么？"我故作镇定地着看着表哥，手心却分明渗出汗珠。

我急切地想知道这个问题的答案。这是顾天硕曾经出现在我生命中的如山铁证。

"我记得是一首诗。"表哥皱着眉思考，"记不清了。有一句好像是这样的：我在时光深处等你，为你斩断一路荆棘。"

回忆如潮水般奔涌而来。我无处躲藏，只得任由它侵蚀着我的内心。

"万般皆下品，唯有读书高。"

"许默，你这造型真的很大妈。"

"你把这个写了我就还你。好不好？"

我突然开始疯狂想念时光深处的男孩儿。我捡起一块块彼时的记忆碎片，拼凑出他的音容笑貌。如此干净清朗，却让我心如刀割。

我突然很矫情地想起了以前我在学校广播站里当播音员的时候念过的一段话："你给我一个微笑，我高兴一整天。你对我说一句话，我记得很多年。"

也许我会记得你的话，很多年。

可是毕竟我还要一如从前地生活着。毕竟我还正值年少，我还有很长的路要走。不是吗？

所以我只能悄悄把你藏在我心底。

你将成为我青春年华里隐匿着的最美好的秘密。

# 嘿！物理小姐

曲俊澎

亲爱的物理小姐：

你好！还记得我们曾经在大明湖畔相遇吗？那时的你留着长长的头发，笑得那么优雅，简直迷住了我。于是我对你说："姑娘，你愿意和我一起共赏美景吗？""那好啊，不过你得先对上我的对子：提锡壶，游西湖，锡壶掉西湖，惜乎锡壶。"我低头沉思了一会，大喜，吟道："听物理，如雾里，雾里看物理，勿理物理。"我本以为你会高兴，可是你却转头走了，只冷冷丢下一句话："来年我们会再相见的！"

到了来年，我十四岁，上了初二。学校新增了物理这个让我头痛欲裂、裂石流云、云雾迷蒙的科目。有一天，物理考试之后我捧着那张不及格的试卷在大树下发呆，脸上挂着泪痕。突然，你出现了，抢过我的试卷。"哈哈哈……你居然不及格！"我顺手把试卷抢过来，"是你？！笑什么笑！没见过物理不及格的吗？！""见过，可没见考这么少的。你还不知道我的名字吧？自我介绍一下，我叫——物理！"我终于知道一年前你不悦的原因了，原来你就叫物理啊！

"刚才我是开玩笑的，别介意哦！加油，我相信你！不要问我从哪里来，不要问我到哪里去，你要知道，我是来帮你的！"你的话让我很是疑惑，这究竟是怎么回事？

后来你又安慰了我几句。疑惑和感激瞬间盘踞了我整个心灵。

你转过身走开。

"别走啊！我还有好多问题没问清楚呢！"

"加油吧，等你物理考到80分时，我就与你再见面！"

你的身影越来越远，最后消失在了人群中。虽然，我还没有完全搞清楚是怎么回事，但我已经释怀了很多。

那个下午，花朵随风摇曳，夕阳真美。

从此，我为了自己的成绩，为了家长和老师的期望，更为了你，拼命地学物理，日日学，夜夜学。终于，在一个晴朗的下午，拿回了一张81分的考卷。

放学后，在家门口，拿出钥匙打开了家门，让我吃惊的一幕发生了——你居然在我家里！我环顾四周，门窗完好，父母也不在家。

"你究竟是怎么进来的？"

"这不是重点。我来这里是向你祝贺的。恭喜你，物理考了81分！"

……

"怎么了？高兴得都说不出话了吗？"

"不是的，我只是想问问，这究竟是怎么回事？"

你只是笑笑，"这其实并不重要，重要的是，你的成绩提高了，找回了自信，不是吗？"说罢你便走出家门。这不是做梦吧？我掐掐自己，哎哟！疼！

从今以后的日子，每天晚上做作业时，我总能感觉到你在身边，甚至能听见你说的话，但就是看不见你。我偶尔也能在街上碰见你，可你每次都是笑而不语，然后走开。

物理小姐，说真的，我已经爱上你了，但不是爱情的爱，而是友爱的爱。

终于在一天晚上，你说出了这样一句话：

"你感到疑惑吗？如果你期末考试物理考到95分以上，其他科目

80分以上，我就解答你所有的疑惑。"

我一定会做到的！你的这一句话让我不再寒冷。

期末考试后，返校那天，我得知你提出的所有条件我都达到了，尤其是物理，98分，全班第一，连老师都不敢相信。

回家后的第一件事，就是看你在不在家。你果然在家，微笑地看着我。

没等我说话，你先开口了。

"其实，我……我并不真实存在，我只是……只是……你幻想出来的一个女孩子，只是你不愿意相信罢了。我想安慰你，帮你找回自信。你看过《爱情公寓3》对吧？我和你的关系，就像马里奥和关谷的关系一样。"

"可是……"

"对了，你进步那么大，你已经不需要我的帮助了。我得走了，再见！"

我注视着你慢慢消失，泪竟缓缓流下来。

我终于体会到关谷失去马里奥时的心情了。

物理小姐，谢谢你，我很怀念你"陪"在我身边的日子。时光是无情的，它能冲刷掉对一个人的回忆，可是，我永远无法忘记你。因为，你始终在我心里。

# 我们的故事

三 合

## 我 们

　　十五六岁，乍听上去是非常美好的数字。这句话是林池池告诉我的，当时她走在我左手边，捧着一本刚刚买来的学习资料。我沉默着，等待后面半句，可她却思虑半晌后再不知道如何接下去。

　　后来她把这句感慨写在了作文本上，依旧没有往后接，反而删去了"乍听上去"四个字。这篇作文被当作范文在班上朗读，坐在倒数第三排的我被林池池清亮的声线包裹着，仿佛是一只被圈在雪白的茧里的愚钝的蛹。

　　那篇作文我终究没有听完，甚至不太清楚其中心思想，于是理所当然被点名，被问，然后被罚站。林池池走下讲台时向我投了一记安慰的眼神，我全心全意地低着头。

　　我和林池池是小学同班同学，五年级时做过半学期的同桌，升初中后便顺其自然成为了朋友。等到我意识到彼此之间的差距时，新班级中的好友模式已经成型，于是我和林池池持续这种关系直到现在。

　　不是没有各种尴尬，但总好过各自分开再去讨好他人的狼狈。

　　和林池池一起走在回家的路上，听她口中精妙绝伦的笑话，顺着她的话题畅聊某个我并不熟知的男生，或者观摩她书包里偶尔浮现的情书。这些都是日渐养成的习惯，称职地担任着右手边捧哏的角色，在不知所云的欢笑中度过三年时光。

我不知道如何形容我们之间的关系。

像是弹簧，无法用外力将两端合并，也无法使它们分开，长久以往地攥紧某种微妙的弹性，在大多数时候彼此维持着那段平衡距离。

都是习惯了已经。

直到一个月前。

## 不得不说到的人

在一款网游上认识那个叫作Micheal的男生，字里行间，我感觉到他是一个非常优秀而且温柔的人。

他说自己十七岁，梦想着骑单车周游世界。

我说我十五岁，单车上的风一定很美好。

从游戏中的组团打怪到网络上的相濡以沫，今天是第29天的21小时47分。

我穿着睡衣蜷缩在键盘前，显示屏上不停闪动的光芒在我脸上铺设来去，我知道此刻既葱绿又憨傻的我一定很丑——我听人说，网聊最大的优点就是聊天框对面的人看不见自己的脸。而我，正在把这一优点发扬光大。

在虚拟世界里，我不动声色地把自己塑造成一个内心所希望的少女模样，使用那些现实生活中无法使用的语气词与后缀。我展现自己所有的幽默与美丽，格外努力。

"哎，丫头。"

"嗯？"

"我想看看真正的你，好吗？"

我怔怔地看着那行黑体字，它们在我的眼里膨胀，绽放出丑陋的我的脸。我下意识地准备拔下电源——明天我会解释说自己家突然停电，这样就好了。

但理智阻止了我，因为这样太假太假了。我觉得喉咙格外干涩起来，蜷缩的脚趾也不冷了，开始发红。好在他看不见我，也听不见我的声音。

"好吗？"他再一次发来消息，滴滴的声音敲碎了我的停顿。

"下一次吧，我手边现在没有照片呢。"格外艰难的，我在一分钟后回过去。用一根食指一个个挑选出的字符站成一排跳跃出去，然后归于平静。

二十秒钟后，他说："哦。"

## 短　信

"213名？王云，我和你爸一把屎一把尿把你拉扯大你就考这个名次来回报我们？你看看人家林池池，天天跟人家一起就知道玩，都不知道跟人家学学，你以为人家真的天天不学习？那是诳你的！就你这么笨才会信！你说说你，你考成这样我怎么见同事？啊？！"

我垂着头，鼻腔里充斥着妈口中的韭菜味。没有哭，这种训斥已经司空见惯，所以即使哭出来也解决不了任何问题。

我知道她希望看见我忏悔的泪水，她坚信只要哭就还有救，就没到不要脸的地步。但我死也不能哭，至少这点儿自尊心还是有的，哪怕用右手把左手掐出白色的凹痕，也不能哭。

"你听我说话没？低着头，就知道低头，你有没有点儿志向？妈妈这么……这么多年……"越往后声音变得越断断续续，最后化成连绵的哭声。一直在卧室旁观的爸爸赶紧开门，搂着她说着每月必进行一次的安慰词。

我自觉地走出去，从外面关上厚重的防盗门，把妈妈的哭泣排拒在那张低矮的沙发上。泪水应着关门声落下来。我坐在黑漆漆的楼道里压抑着声音大哭,像是头濒临死亡的野兽。两只手向上翻,不知所措地放在膝盖上,脸拉扯成丑陋的弧度来承接落下的液体,双眼紧闭,泪水烫得我无法睁开。

五分钟后,把身体里所有的悲伤排泄出去后,我借着楼外昏暗的灯光,拿出口袋里劣质的按键手机。我多么希望可以给心中的男生发一条写满脆弱的短信,然后他在路灯下飞奔过来,紧紧抱着我说不要怕。

但还是习惯性地,收件人选择了"林池池"三个字。

## 红色发卡

我们约好在商场楼下见面,她带来了一包纸巾和一瓶温凉的绿茶。

"你妈妈她……"商场的LED字幕屏翻滚着的红色把林池池的担忧照耀得格外妖娆,也掩盖住我眼睛里刺目的血丝。

三年来形成的默契,她知道我会在月考后大吵然后大哭,然后约她在商场见面。

习惯是一种可怕的东西,而我们两人悲哀地演绎着一出三年时长的恐怖片。

我乏力地摇摇头,接过她手中的绿茶仰脖喝下去,泪水又不自觉地返还出来,我只能用力地吸气。人真是种犯贱的生物,只要一有人关心,就霎时变得委屈和感伤,而刚才明明还好好的。

我们在商场一楼逛了半个小时,我感觉走过的人都在奇怪地打量着我,后背不自觉地佝偻下去。

路过精品专柜时,我停驻在通透的橱窗前,怔怔地看着躺在众多饰品中的一只发卡。

亲吻鱼的形状,红得像水晶般璀璨——我记得Micheal说过他觉得我戴红色发卡会很好看,尽管他从不知道我长什么样子。

"想要啊?"林池池碰碰我的胳膊。

"……嗯。"最后,我还是无赖地说出来。

我觉得自己很无赖,因为每当这个时候,付账的都是林池池。

"今天回去啊,我妈妈给了我三百块,说是奖励哦。"林池池付账时对我说,姿态优雅地掏出钱来。

突然她意识到什么,充满歉意地望着我。其实不必啊,即使你习惯性地炫耀自己,我也不会生气。我说了多少次了,还要说第几次呢。

都习惯了,所以无所谓。

发卡在睡觉时被我妈从口袋里翻出来,被愤怒地摔成两半。我看了她一眼,然后翻开被子躺了下去。

## 我 的 样 子

我的手机里保存着我和林池池那天在商场的照片,是我要求的,我们各自戴着那只发卡照张相。第二天我删掉了自己的。

星期五的晚上,我敲开聊天框。

"在吗?"

"嗯,双休啦?"

"是啊。对了,上次你问我要的照片……"

"可以了吗?"

"对呀,我现在就发给你哦。"

我看着林池池笑颜如花地跳过输入框与聊天框之间的界线,吸了吸鼻子,冷空气进到脑袋里,我确定自己有多冷静。

"很漂亮啊!丫头。"他说。

"呵呵。"我回。

后来我们又开始了往常的聊天,但我感觉他比几天前卖力许多。我毫无理由地这么认为,我觉得证据确凿。

## 不 要 再 见

　　星期一早上9点5分,班主任把练习册摔到我的脸上,我下意识地颤了下膝盖,然后用手接住。在我手心,无意而略显讽刺地抖落出满目的红色交叉,像是无法撕下去的刺目的封条。

　　她问我周末两天在干什么,一字一句都从胸腔发出,带着毋庸置疑的高度。

　　我摇头,缄默不语。其实,我真的不知道自己在干什么,仿佛被浸在果冻里,被令人窒息的糖浆包裹,有过挣扎的念头,但却不舍得满目琥珀色的通透浪漫。

　　周末我一直和一个叫Micheal的男生聊天玩网游。我不会这么说的。

　　对我来说,这只是表象,而果冻之类的话才是真相。可是对于大人,无论表象还是什么的,都会当作呈堂证供吧。我不会说的。

　　这一刻我觉得自己是个勇士。

　　回到教室的时候数学课已经开始了,老师在讲台上瞪了我一眼,然后回过头继续她的二次函数,我回到了座位上。林池池从第三排传来一张淡粉色的便利贴,撕开接口处并不牢固的黏性,她清秀的字体问我"怎么样"。我的脑袋里莫名其妙联想起穿着淡粉色连衣裙的她站在微风中,裙角轻摆,发丝被吹拂成优雅的弧度,是一个高贵的公主。

　　没有回纸条,我把它揉成一团,握在冰凉的手心,抬头直视着黑板上的两段函数图像。

　　"它们无法相交。"我听见数学老师这么说。

　　放学后我摒弃了以前的习惯,飞快地收拾好书包后逃也似的奔出教室。

　　但林池池还是在公车站牌前拽住了我的胳膊,毛绒手套抓在羽绒服上的声响在一片嘈杂中格外清晰。

"你怎么了？"她有些恼怒，但还是格外抑制地保持温柔。

我没有说话，镇静地直视前方，像个聋哑人。5路公交车上化妆品的广告占满我的视线，玻璃里反射着我的脸，又透出车上乘客浓稠灰暗的轮廓，我在其中找到了刚刚上车的林池池，她看着我，欲言又止。

十分钟后我收到了她写满问号的短信，大体的意思就是希望我还好。

我站在15路车拥挤的夹缝里，打下了很多字，但又逐一删去。那一排排符号站成多米诺骨牌的形式被我推倒，好像每一个都在大声咆哮着："骗人的，借口！"

我最后打，"结束了。"特意加上句号，显得隆重一些。三个字带着决然又浪漫的气息，被无形的力量推出重围，然后手机屏幕暗下去，寂寥无声。

## 真　实

我做了一个梦，梦见林池池和一群女生说说笑笑，Micheal站在旁边微笑着看她。我看不见自己，像是，自己化成了一个虚无的灵魂。

那群女生是灰色的，只有林池池和Micheal身上涂满了色彩。他们不经意地相视一笑，深情注视，我看不清Micheal的长相，但他的轮廓，是挺拔而英俊的。他们很般配。

被闹钟吵醒后，我像解脱一样叹了口气，也可能是吸气。

比往常还要早地起床，洗漱，吃早餐，到学校时校门甚至都没开。其实原因很简单，我只是不想比林池池晚，否则必定要经过她的位置，和她对视——真的，连自己都无法解释清楚的执拗，却要去坚持。我觉得自己快无药可救了。

自嘲地扯了下嘴角，突如其来的撕痛让我的意识回到凌晨，抿住嘴唇，才发现出血了。很自然的事吧，毕竟周末几天都没怎么喝水。

我走进校门口旁的五元店里，然后看见那双眼睛。猝不及防，林池池看着我，笑了出来，好像昨天什么都没有发生一样。

我买了一管廉价的唇膏，自己付的钱，林池池这次没有娇嗔我不把她当朋友，只是又一次欲言又止，像是昨天在公交车上一样，我们隔着层玻璃。

唇膏涂起来火辣辣的感觉，反而更加不舒服。

林池池站在我左手边给我讲起《老友记》里的笑料，校门开启的时候，我们随人流走进去。林池池说："Boy friends and girl friends come and go，but best friends never change.（恋人来来去去，但好朋友永不改变。）"

我说："什么意思啊，我英文不好你又不是不知道。"

她保持习惯性的微笑。

## 回　　格

隐藏在文档里的游戏还是被老师和妈妈发现了。

妈妈愤怒地把显示器向外拖拽，那些往日藏在电脑桌后，落满灰尘的线暴露在视野中，我看见一只小巧的蜘蛛迟钝半秒后飞快地消失在黑色线条之间。

妈妈没有像先前所说的砸掉电脑，只是停掉了网。

自始至终我都坐在床沿，看着一出剧目开始又落下，呆滞地望着那只蜘蛛消失的地方，脑中只是凝固着Micheal的名字，像是失恋一般——即使一切都是我单方面制造的幻境。

我出去后，没有叫林池池，而是进了一家网吧。

里面布满了烟尘味和令人炫目的游戏画面。我付了五元钱后坐下，娴熟地登录上聊天系统。他在线。

"今天不是周四吗？还有时间啊？"他问。

我说："你想看下真正的我吗？"

"嗯？"

"我给你看。"

在点开"接受"之前,我掏出了那只唇膏,格外细致地抹上嘴角,觉得自己是要去约会的,无比幸福的女生。

意料之中的,他的头像突然暗了下去。

我如释重负,即使心中那点儿微薄的希望都已经被击碎,也觉得如释重负。

我在输入框里打了"再见"两个字,想了想,又按下回格,让光标归零。

## 我　　们

星期五的晚上,我如期被班主任教育一番,然后回去。

站在公交站牌前,我抱着林池池大声哭泣,引来无数路人侧目。很解脱的感觉,像是把这一个多月的压抑都托付给了空气。

"别哭了……就是被训嘛,没关系没关系。"她有些尴尬地拍着我的肩。

"谢谢你。"

"我们是朋友嘛。"

5路公交车闯入黑暗中,耀眼的车灯伴随鸣笛滑翔过来。灯光折射过泪水,进入我的眼里。我笑了出来。

## 我们的故事

……

# 往事和烟火

三倾荟

晚自习最后一节，窗外有烟火升起，原本安静的教室突然有些骚动。

"呃，在这间教室的最后几分钟了呢。"同桌在写数学辅导书，突然抬头来了这么一句。

我正在用小刀艰难地把当初写在木桌上的人名和一些七七八八的东西划掉，随口接了句："嗯，是啊，最后几分钟了呢。"

这节晚自习结束后，我们就要搬到楼下三层的教室了，离开隔壁的理科班，离开承载了我一个多学期没来由的坏情绪的木桌子。

就像人走茶凉的道理一样，我当初上课无聊时曾在这张桌子上一笔一画写下你的名字或者是一些只有我明白其中含义的日期和数字，也应该在离开之际被我亲手划掉。我担心那些鲜活的情绪真的在岁月中消散，我担心它们真的变得毫无意义，仅仅是他人眼里破坏公物的表现。

所以就划掉吧，反正那些情绪本来就只有我一个人明了。

这样想着，鼻子就像是被塞进了半颗柠檬，酸到让人忍不住落泪。

"你怎么了啊，别吓我……"同桌抽了张面巾纸给我，有点儿不知所措的样子。

"没事的，我只是，有点儿难过。"

"难过个鬼啊又不是要毕业，不就换个教室吗？"

"可是我舍不得……"难过的时候一定不要开口说话，不然那些以为会堵截住的眼泪就会像突然找到了出口，汹涌而至。

我放下小刀，捂住脸，在烟花声中哭到哽咽。

我舍不得的东西太多，我舍不得这间我曾在这里出过无数糗、笑到趴在墙上无数次的教室，我舍不得我在这个走廊遇到的初冬的寒气和清晨的阳光。

我更加舍不得隔壁班那个曾经裹挟着寒气和晨光对我笑容温暖、给我带早餐的你。

我看向窗外，烟火在我蒙眬的泪眼看来仍旧绚烂。只不过在今日这样难过的场合一点儿都不应景。

木桌子上"11月2日"的印记依然清晰，那一天我见到过世界上最为绚烂的烟火。

那时候和你刚刚在一起，感情只是枚青涩的果，我们一无所知所以小心翼翼，生怕一不小心把这果子打坏了。

那是第一次约会吧，在公寓的顶层。那里有间屋子收着杂物，露天处有套石桌石椅，可能是因为很少有人会上来顶层，在石椅上随手一抹指尖就会变黑。

刚入秋的天气显得潮湿，地板也有些脏乱。

你将外套铺在地上然后和我并肩靠在石桌上用平板电脑看电影。是一部你很喜欢看了数遍的电影。偶尔你会按暂停键和我说点儿什么，因为身子靠得太近，你说话时吐出的气流轻轻地拂过我的左耳，是温热的，像在心里挠痒那样，又酥又麻的触感。

那天我穿着亚麻质地的衬衫，入夜后的风带着些许凉意，一阵凉风吹来，我打了个哆嗦。你将身子慢慢地挪近，然后伸手揽住我的肩。

我僵直了身子，你似乎有所察觉，轻声说："别怕。这样子你就不会冷了。"

闻言后我便放松了些，看着你近在咫尺的侧脸，心里浮现出密密匝匝的温柔。这样的男生，实在是很难不让人喜欢啊。

就在这时，不远处有烟火升起，因为是在顶楼所以看得格外清楚。

"现在放烟火好奇怪啊。"我将目光投向了天空。

你按了暂停键，说："没关系啊。不管是为什么，刚刚好不是吗？"

我点了点头。然后在温柔夜色的笼罩下，伴着升起的烟火，我们就这样没有来由地朝着彼此笑起来。

"这世界美好至此，我不敢再有所奢求。"当时我是这么想的吧。那时候我肯定连眉眼里都溢满了喜悦。

事后回想起，那样场景，此生都再难遇见。

可能每个人都会有这样的感触，觉得整个世界，晴天也好下雨也好，夜色静谧也好升起烟火也好，无论发生什么都是为了将发生在自己身上的事衬托得更美好。

可那样"整个世界都为我当了次配角"的感觉可能也只有一次吧。不然为什么明明我这么难过可烟火还是响个不停呢？

下课铃响了。放在教室的书本太多以至于我得分成两次搬走。

抱起书本往外走，楼上的文科班也全部都要搬教室，楼梯上已经挤满了人。

随着人潮一级一级台阶往下迈，抬头突然看到人潮中有一个太过熟悉的背影，那样挺拔，一如往常。是你。

你没有回头。

泪水又泛滥起来，我埋下头，书页被一点儿一点儿打湿。

现在的你我已经不在一起，即便很早之前就听说过"形如陌路，根本就是人生"，可还是会在和你擦肩时瞥不见你脸上丝毫表情的变化或是在你察觉不到时盯着你的侧脸一次又一次地想，为什么曾经的亲密真的可以在不久的时日中被消磨得荡然无存，为什么往事那么美好我却一定得往前走。

往事就像烟花，可能它们曾经裹挟着光，一点儿一点儿地照亮了我，让我有那么一瞬间相信世界美好如此再无他求。

可是烟花绽放只一瞬便会落下，而往事再也不会回来。

# 奇遇木偶记

*少之不少*

## 1

《木偶奇遇记》是讲小木偶的经历，奇遇木偶记则是我遇见木偶安妮拉的故事。

所谓"遇见"，意思自然是指之前并不认识——她不属于任何人，确切地说，是不属于人类世界。

她突然跑来，然后又突然消失，今天出现在柜子里，明天跑到床底下，我总在想不到的地方看见她，碰面的时间和地点更是毫无征兆，故称"奇遇"也。

第一次相见，彼此都十分惊讶——我从没见过会说话的木偶，她也没有来过人类世界，我们都弄不明白，为什么她会突然"穿越"，而每次都会遇到我。似乎她来到人类世界，就是为了遇见我。

久而久之，我们成为朋友这事也变得理所当然了。

安妮拉有记日记的习惯。因此她能准确地说出第一次遇见我的时间：水莲花三日，一个只听名字就会觉得温暖而美好的日子。

## 2

人类世界有盘古开天、女娲造人的传说，木偶的世界里则有"木偶师传奇"。

最初的木偶师是一个人类，因此，在他们的世界里，人类是一个传说。

他是发明木偶的人，在世时，他制作了一百多个木偶，还为他们建筑"木偶城"，也就是如今木偶国度的雏形，他死后，把灵魂留给了所制作的木偶们，于是有了灵魂的木偶们开始制作属于他们的木偶……一直代代相传，形成了如今的木偶世界。

新生的木偶在没有得到上一辈的灵魂之前，都得和被制作者（他们称之为父母）有联系才能活动——多年演变之后，木偶世界的居民，除了刚被制作出来的头五年之外，不再需要牵着所有的线才能活动了。如今，只要一根可以无限延长的细线（这是木偶们的魔法，作为人类的我无法理解其中奥秘），绳子两端系着父母与子女便可，这些都是木偶安妮拉告诉我的，而她腿上确实系着一根细细的黑线，线的另一端，在她出现的地方就不见了。我们一致认为它还在木偶世界里。

安妮拉还补充道："一根细线，足以构成羁绊了。"我对此是不解的，但那时候我们还不太熟悉，她也没有进一步解释的意思，我便不好多问了。

后来我还知道，很多木偶在没有灵魂之前，就开始制作自己的木偶了，因为每个木偶都希望成为出色的木偶师，有的木偶倾其一生制作了成百上千的偶人，有的则把所有心思花在几个甚至更少的偶人身上。安妮拉的母亲属于后者。

她是被精心制作而成的。她母亲在她身上倾注了太多心血和精力。作为母亲，自然对孩子寄予了许多期望：她希望她能成为最优秀的木偶师，哪怕她有能力当一名出色的舞蹈家。

舞蹈——一种在木偶国度不被重视的东西。

## 3

一次，安妮拉这样问我："王俞，你的父母会对你有所羁绊吗？"

"啊？"我愣了愣，一时答不出来，"这个，我……"

我正想说些什么，她却突然不见了踪影。

我以为我们那次的谈话到此便画上句号了，谁知下一次见面，她一开口就向我提出了同样的问题。

其实这个问题我想了很久，但我依旧不知道如何回答。

我明白她所指的"羁绊"与梦想有关，同时，就高中生的我而言，还有学习成绩。

我从来不怕开家长会，因为不管我考得怎样，父亲或母亲的表情都是一样的：没有批评，没有鼓励，只有安慰与支持。别说打骂，中性的批评也未尝有过。

坐在附近的同学对此羡慕不已，因为很多人不管考得怎样，都会形成老师给家长开会，家长给娃娃开会的"两会"格局，家庭会议之中往往免不了一顿打骂。可我却在羡慕着他们——正是重视才会为之着急，才会这般恨之不成钢。

父母一方面希望我成才，另一方面希望我健康快乐地成长。因此几乎不会逼迫我干我不愿意去干的事情。

我的成长是相对自由的——没有非考前十名不可，没有非学习美术音乐不可，没有非参加多项运动不可……在一切不存在的"非如此不可"之中，拿着比上不足比下有余的成绩单，阅读着自己喜欢的书籍，参加中意的体育活动。

一切都让我自己寻找，独自发现，慢慢长大。

但是，有这么一些时候，我十分希望他们给予我很高的要求，给予我很大的压力，让我时常感觉到他们对我的重视。当然，这些我从来没有在他人面前提起，否则就得被说成"身在福中不知福"了——嗯，是这样的吧？我想，又或许只是希望与爸妈的关系有点儿波澜，有点儿青春的样子，即使我说不清楚是怎么一个"样子"。

"喂喂，你发什么呆啊？"见我不回答，安妮拉有些着急了。

"嗯嗯，有的。"我说。这些或多或少也算是一种羁绊吧。我说不清楚。

她很满意这个答案，传说中（对于她而言，我的确生活在传说里）的人类小孩儿也在父母的羁绊中长大，或多或少让她觉得宽心。

过了一会儿，聊起其他话题的我很高兴她没有抓住这个话题不放，一旦说起其他事情，我反而来了劲头。倘若她在上一个话题的结尾再问一句"怎么说"之类的话，我肯定无语以对了。

## 4

也不知怎的，到了后来，每次见到她，她都会给我讲她家里的事情。小到家里来了只老鼠，大到与母亲吵得天翻地覆。每件事情都会详细地讲述，某些细节还会重复好几次，以至于有时候我真的不相信换算成人类年龄的话，不过十五岁的她，竟然比我奶奶还唠叨……

有那么一两次，气呼呼地数落了一通母亲的不是之后，她问了我一句："你会和家人吵架吗？"

这会儿我刚上高三，按照学校要求，高三学生得搬到位于郊区的开发区校区，刚开始住校生活的我，每天除了学习之外，就是想家，压根儿没空和家里吵架。

"最近没吵……"我说。

"之前呢？"

"让我想想。"我思忖道，"一会儿告诉你。"

然而，过了很多个"一会儿"我都没法告诉她。至少像她说的那种情形——"大吵大闹""冷战好几天""如同陌生人一般""时常想离家出走"……在我同学身上倒是家常便饭，我则没有亲身经历过——至今还没这么严重的时候。

有和妈妈冷战，但时间从来不会超过一天；会违背爸妈的意愿，让他们不满意，但协商之下也能解决；十二岁之后，爸妈都没有动手打过我。我的性格后来变得比较文静，会惹爸妈生气却从来不会在外面给他们惹麻烦。

记忆中，处于最叛逆的十四五岁时，也没有和爸妈发生很大的冲突。因此，有那么一些时候，我觉得自己的青春是不完整的，似乎还没有来得及叛逆，叛逆期就已经过去了。

长大一些后，又觉得这样也不算太坏，却又觉得似乎少了些什么。

"有吵得很凶的时候，简直到了不可开交的地步呢！还行吧，都过去了。"我说这些话时，为了不让她听出破绽，努力地让声音保持平静。

当我正在酝酿着要举什么例子的时候，木偶突然消失了。因此而被打断的谈话让我不禁松了一口气。

再次见面的时候，因为她在舞蹈大赛中获得了一个不错的成绩，心情大好，而没有继续上次的话题，后来的几次见面也没有提及这个话题，大概是忘了吧。

## 5

"你告诉我的那些都是假的吧？"木偶的声音突然在背后响起，把趴在桌前写日记的我吓了一大跳。

"说什么呢你？"

"关于你和你父母的事情。"

我不知道她为什么会这么说，但做贼心虚的我的确慌了神儿。我对她讲述了真相之中的不真实之处，但是真的不是诚心欺骗她，我只是希望她向我倾诉的时候，我的话能让她好受一些——不是只有她才会面对那样的烦恼，其他人，或者说其他木偶也会如此，她不是特殊的那个，而是一般之中的代表而已。

我也一样，不是每家父母都像我爸妈那样教育孩子，但并不代表这样的父母是唯一的存在。

我们不需要为之纠结，更用不着羡慕彼此。

但我不能这样告诉她。

因为这是年华告诉我的秘密。

于是我说："不久前，年华告诉了我一个秘密。它会把同样的秘密告诉你，但不是现在。而且，你需要花心思自己细心寻找，才会懂得珍视这个秘密。"

看着她似懂非懂地点了点头，脸上不再有生气的意思，我的嘴角不由得呈现了好看的弧线。

## 6

安妮拉在叛逆与追逐之中慢慢成长也未尝不是好事。而往后的时光与生活定会告诉她更多的事情，比如爱与关怀。同时也会磨去其身上的锋芒，让她变得淡定与沉稳。

与此同时，我不禁开始思考与父母之间那种微妙的关系。

某种方面而言，我的小日子过得不错。不吵不闹，不卑不亢，安安稳稳，平平淡淡。

可是，父母给予我的东西太多了。除了学习和看课外书之外，我在家里什么都不用干，他们甚至禁止我干。他们这样做是希望我把时间放在学习上，但却使我的生活失去现实的质感——衣服是他们洗的，饭菜是他们做的，出门是他们接送的。

在很多独生子女家庭里，这似乎是一种再平常不过的事情，然而，家长们代劳一切之后，造成了子女对生活技能的无知。

这样的事情我要怎样开口对木偶安妮拉说呢？我不仅不懂得洗衣服，我连洗衣机都不会用；我不仅不懂得做饭，我连厨房都不进；我长到十七岁，独自坐公交的次数不到十次，至于自行车压根儿就不会骑，上学放学都是父母接送，与朋友或者自个儿的外出少之又少，就算出去，亦是经常的步行和偶尔的打车。

有时候我觉得自己变成了一朵住在玻璃罩里的玫瑰花。与小王子的玫瑰不同的是，我坚信自己能够离开玻璃罩，并且离开之后依旧能够过得很好，但如今，我却无法离开玻璃罩的束缚。

羁绊——木偶是这样说的。

# 7

如今，安妮拉成了我高三生活的一位重要客人，与她聊天可以让我暂时离开繁重的学习，尽管有时候我得因为聊了两个小时而补作业至深夜，她的出现让我的生活不显得过于乏味。

每一次，我都不知道她消失之后会不会再次出现，而至今她都没有让我白等。我不知道我的奇遇木偶记还能维持多久，每次重逢我们都能感受到对方在慢慢长大，也在慢慢地磨去年少的棱角，变得淡定且沉稳。

我想有一天，我们再见的时候，她不会再数落母亲的不足，当那一天到来之后，或许我们就不会有"下次见"的机会了吧？我想。

## 彩虹的微笑

你还记得吗？那天傍晚，彩虹染红了天空。在我们那里，很少有机会看到这么漂亮的彩虹，那七彩的颜色很绚烂，但却没有太过奢华，折射出的光映衬着屋顶、大地，小孩子的脸上也都照出了光彩。我和妹妹很兴奋，也想让你看看。于是我们来到你面前，小心翼翼地搀扶着你走出小巷，你好像也很兴奋，微微仰头对着天空的那抹苍穹，嘴角挂着浅浅的笑。

# 猪天天：臭小孩儿牛坤坤

树 一

三年是个很短的时间界限，在我看来，三年是指将中学生活分割成两个部分的载体。在人生几十载中，三年算不上什么。可是在这短短的三年中，我认识了她。

她叫猪天天，成绩优异，在众多"90后"选择西洋乐器的时候，她拉响了二胡。在外人面前，很腼腆。

我是牛坤坤，成绩中等，经常跟着大众的潮流玩着花样。我可以毫不费力地和陌生人交谈。

我至今都不明白，是什么驱使着两个性格完全不同的人好了三年。

我们不在一个班，不在一幢楼，我们只是在同一个学校里。我有本班的死党，她也有。只是当我们在一起时，死党就不算是死党了。在她面前，除了朋友外，我还在努力充当一个保护者的角色。

猪天天不会保护自己，不会把别人在背地里谈论她的话当成耳旁风，甚至不会反抗，她是个只会自责只会哭的弱女子。而我，最瞧不起的就是这种人了。但是我还是守在她身边，在她身边的人都散尽的时候，在她最痛苦、曾经的好友在隔岸观火的时候，我说："猪天天，你的能不能坚强点儿！"

坚强是个用得有些泛滥甚至过于矫情的词。但猪天天她就是没有。因为如果有，她就不会为一个男生、几个女生对她的恶语相加想到抛开所有而去另一个世界。说真的，那一次她一边说要吃安眠药，一边在网上跟我来个生命倒计时。我急了。我们的家离得很近，可悲的是被妈妈反锁在房子里的我像个困兽，不知该怎么办。

在晚上八点的时候她给我发了一个"0"，生命倒计时到了"0"，又发了一个"再见"，便下了。我利用一切可利用的资源联系她，我打电话给她，关机；打电话给她家里，无人接听。现在我都记得我当时慌张的样子，作业草草糊弄完，便一夜无眠。

第二天我进了校门就直奔她班上，也不管会不会碰上我惧怕无比的班主任。很遗憾，我没有看到平日里那个活蹦乱跳的人。脑海里一直空空的，终于在课间哭了出来。我有猪天天没有的品质，我坚强，坚强到所有人都不可思议，但是我还是为了她很丢脸地哭了。

中午放学本想再去猪天天的班上看一次，但老班拖堂了，当我跑去她们班上时，教室大门已经紧锁。

下午终于见到了她，她跟同学说话笑得跟什么似的。我问她为什么联系不上她，她说因为手机没电了所以没接到电话，家里电话无人接听是因为修正带恰好用完出去买了，她妈妈上班不在家，早上没遇见她是因为她连着早读都在帮老师改卷子。她说完了，我没说一句话转身就走，我脑子里就一个想法：这人怎么就那么讨厌呢！但是我知道，我笑了，那是一种失而复得的笑。事后回想，当时我什么都想到了，就是没想到猪天天个性里的另一个关键词叫懦弱。

后来的很长一段时间都过得很平静，直到她很频繁地跟我提到两个男生的名字，还有他们之间十分暧昧的对话。我说："你是不是恋爱了？"她说好像是。中学生谈恋爱又不是什么新鲜话题，可是当我仔细问清楚后感觉某某女星将要结婚的话题都没猪天天的这个劲爆——网恋，还是最坚固的三角形的。

这段历时一年的暧昧带给猪天天更多的还是眼泪，我不能妄加评论谁对谁错，我只能说他们都是好孩子，只是在不正确的时间里产生了他们自己不能控制的情愫，结局就是三个人都遍体鳞伤。

　　猪天天说："牛坤坤，我什么没经历过啊，也不枉在人间走这一遭了。"她的语气是嘲讽，而眼神中流露出的是悲伤。

　　我想我永远理解不了猪天天的情感。我没敢招惹早恋，因为根深蒂固的传统教育以及我自身对东窗事发后的恐惧，即使有男生示好，我也只是抱着置之不理的态度。我也不愿意故作忧伤，我认为生活很幸福，阳光很美好。成绩只是个小方面，我有着别人所没有的性格与品质，我管自己叫"我算是个优秀的人"。

　　我在遇到困难与压力时会很好地调节，我会自己开导自己，我会对别人微笑。所以很多人都认为我没有遇到过困难，也无压力，其实这些反面因素只是全都被我化解了。

　　不论我们有多大的差距，我们还是在一起好了三年。

　　三年是个分界点，我们到了该分离的时候了。猪天天的目标是一中，我的目标是重点。一中是一类重点，而重点被我们分成了好几类。我终究还是追不上猪天天的脚步，我们终究还是敌不过披着素质教育外套的应试教育。

　　猪天天给我的好友评价是："臭小孩儿，牛坤坤，中考顺利！"我也回了她一个评价。我发现她的QQ签名不管是什么，都会在后面加个大括号，里面有四个字：安之若素。

　　中考只是个转折点，我们在不在一个学校都无所谓了。

　　那么，我们安好，便是晴天。

# 我在济南，天气晴

田 园

我一直都清楚记得自己第一次到达济南的狼狈情形。

一个人满头大汗地把沉重的行李拼命拽出后，摸索着挤上夜幕中颠簸陌生的公交车，一路慌慌张张摇摇晃晃赶到新校舍，连口粗气都没喘匀，不争气的鼻子便揭竿造起了反，哗啦啦地流出鲜血来抗议北方气候的干燥。

碰巧那晚正赶上中秋节，所以，趴在硬板床上堵着俩鼻孔回复给远在岭南的老妈的短信里便是抱怨和嗔怪一色，撒娇和可怜齐飞。

第二天，一从被窝里探出头来，就兴奋地睁大眼睛打量四周，不过旋即，便对眼前的这所城市大失所望。灰蒙蒙的天空，头顶东拉西绕的电线，过气又排列杂乱的建筑，尘土飞扬的大街和小巷：北方景象干、黄、燥的特征无一不在这儿体现得淋漓尽致。

八月的时候，曾和小亚两个人以接近流浪的方式到过厦门。那座流淌着鼓浪屿钢琴气质般的小岛，才是种满我高中三年全部向往与憧憬的迦南美地，而如今，南辕北辙，现实和理想背道而驰，面前这般似是在提醒和嘲笑此刻卑微渺小的我与当初瑰丽璀璨梦想间的巨大落差。

第一次穿过舜耕路，游览济南的泉水，去的并非大名鼎鼎的趵突泉，而是位于环城公园南隅的黑虎泉。在这样干燥的北方大地上，面对如此清冽闪亮的泉水，在诧异和意外之余，心底油然而生的更多是惊喜。居民络绎不绝取用天然泉水，老人岸边散步打拳舒身健体，儿童池边柳下嬉戏玩耍，古老泉边，人人各得佳趣。看到这样的画面，心里还是忍不住流淌过暗暗喜悦，这是城市的景色吗？不！它是上天对济南的馈赠。我虽只是个异乡人，但我真诚地希望济南的泉水永远都不要枯竭，永远都保持最初的纯净。

"四面荷花三面柳，一城山色半城湖。"在大明湖、千佛山之后，我又陆续去了剪子巷、曲水亭、王府池子等一些掩藏在济南古城区中的老街。漫步青石板上，流连清澈泉边，古老泉城"家家泉水，户户垂柳"的美景便清净无染地迈着莲步从历史中款款而来，她牵起你摇摆的手，浸润你疲乏的心，让你细细品尝老舍笔下那种"平淡而可爱的滋味"。

高考之后，厦门之前，窝在家里等成绩的那个溽暑，各大卫视正在热播《北方有佳人》。当年幼的子建看见地面上"咕嘟咕嘟"往外冒的泉水，好奇地问姐姐怎么回事时，寄萍突然就记起爹爹说过济南是泉城的话。那一刻，坐在电视机前打发无聊的我，勉强回想得起的是初中课本上老舍的《济南的冬天》，然而，我万万没有预料到，三个月后的我却会将青春里一段雨水最丰盈的日子留驻在这里。难道，这就是冥冥中早就写好的机缘？

入秋以来，学校操场右侧的树林常常把我的视线引到窗外，一大片，树梢全是红色，中间呈黄色，树底则逼近绿色。我不知道该怎么称呼它，但我想给它取名很久了，如果可以，就唤它彩虹树吧。夏日的那杯浓茶，该到澄清的时候了。

我喜欢自己所处街道的名字。传说舜帝为民时，就曾躬耕于历山之下，故也称舜耕山，历山就是今天的千佛山，而舜耕两字也随历史一路沿袭下来，成为城市的地标。我想，不管未来的时光怎样翻云覆雨，我永远都不会忘记在这条延伸线上，我曾怎样热烈地撒下关于青春和梦想的颗颗种子，又义无反顾地扛起锄头，立志要当永远的躬耕者。

济南的冬天快要来临的时候，老妈还把我当小孩儿一般在电话那头使劲唠叨："听说北方的冬天都能把人冻病，天气转凉了，丫头一定要多多添衣保暖啊。"我笑，不禁想起老舍先生的原文："济南的冬天是响晴的。自然，在热带的地方，日光是永远那么毒，响亮的天气，反有点儿叫人害怕。可是，在北中国的冬天，而能有温晴的天气，济南真得算个宝地。"打开草稿箱，轻动手指，安静回复："老妈放心，女儿在济南，天气晴朗，阳光充足，一切安好。"

# 彩虹的微笑

王 丹

那天，我去看你，你笑得像个孩子。不过，我想你应该不记得我是谁了。

你总是这样，一个人孤零零地坐在大门口，双手交叉放在胸前，身子蜷缩成一团。小巷里的风很大，把你的一头白发吹得像稻草窝似的凌乱。你背后是半敞开的铁门，不过里面经常没有人，黑漆漆的，空洞洞的，一到冬天，更是透着阴森森的风，叫人好不舒服。

不过偶尔，你也坐在里面，只是铁门上了锁，你出不来，谁都进不去，除了你那有钥匙在手的儿子。

有的时候，我在想，你坐在那儿一整天，到底在想什么呢？是想你过去的几十年的生活，还是想离你很远的女儿？我问你，你不回答，反倒是傻呵呵地冲着我笑，然后缓缓地起身，颤巍巍地转身去火炕上拿了一个卖相并不好的馒头塞到我手中，早已掉光了牙的嘴里一直模糊不清地絮叨着："吃吧，吃吧……"你不知道我是谁，却从口中一直冒出一个名字，后来问了爸爸才知道，那是我奶奶的小名。

你是得了老年痴呆症吧？记忆真的不太好，我经过你"家"的时候都跟你打个招呼，你却每次都看着我叫我奶奶的名字，纠正了你好多次你都记不住，反而更加开心地重复着那个名字。记得有一次因为我要准备期末考了，有好几天没去看你，等到放假和妹妹一起去的时候，你先是愣愣地看着我，然后突然"哇"的一声哭了出来，害得我和妹妹都不知道怎么办好，只能手忙脚乱地安抚你。最后你终于停止了哭声，但是却死死地攥紧我的衣服，又叫着我奶奶的名字。

不过自那之后，我便不想再纠正你了。

你还记得吗？那天傍晚，彩虹染红了天空。在我们那里，很少有机会看到这么漂亮的彩虹，那七彩的颜色很绚烂，但却没有太过奢华，折射出的光映衬着屋顶、大地，小孩子的脸上也都照出了光彩。我和妹妹很兴奋，也想让你看看。于是我们来到你面前，小心翼翼地搀扶着你走出小巷，你好像也很兴奋，微微仰头对着天空的那抹苍穹，嘴角挂着浅浅的笑。你的身高刚好到我的肩膀，所以我一低头，就看到了你眼里的亮光。

"它会挂在那多久呢？"突然，你缓缓地问。

我愕然，呆呆地看着你，既不知道怎么回答你，也不知道你为什么会提出这样的一个问题，在我印象中，你呆呆傻傻的，什么也不会问。

那天晚上，妈妈骂了我，她说你搀着个老人在小巷里走，要是不小心摔倒了怎么办？老人是不禁摔的。

是啊，人一老，骨头也和脑子一样老化了，摔不得的。

后来我上了高中，住在学校宿舍，回家的次数少了，能去看你的时间就更少了。

只是一年过去，你好像越来越瘦，越来越虚弱。你经常躺在那个黑乎乎的屋子里面，整天整天，除了一日三餐你儿子给你送过来之外，你都没见到过谁了。我去见你，你都不叫我了，好像就此丧失语言能力了。

又一年过去，突然听到爸爸说你走了。瞬间我呆住了，随后就是眼泪在眼眶里疯转。听爸爸说，你是要上厕所，而家里没人，所以你就自己挣扎着下床，在厕所门口摔倒了，摔断了腿。可是你儿子却为了可怜的手术费没带你去看医生，就任由你躺在床上呻吟。后来，你伤口感染，骨头坏死。

　　我想，那几天你的腿一定很疼吧？

　　我想，那几天你很想说你很疼的吧？

　　去参加你葬礼的那天，每个人的脸上都挂着肆虐的泪水，你儿子更是哭得死去活来，而你的脸上，却是一如既往的平静。你就这样静静地躺在那里，苍白的被子更衬出你蜡黄蜡黄的脸，你的床是不是太大了，你小小的身躯睡在那儿仿佛随时要被吞噬掉似的，但你的嘴角似乎还挂着那天我们一起看彩虹时的微笑。看着你的时候，我并没有哭，因为我并不为你的离开而感到难过。

　　我就静静地看着你，突然耳边响起你那天缓缓低沉的声音："彩虹会挂在那儿多久呢？"

# 那年的日记

王 月

## 冬

今天一整天的坏天气，从窗子往外看，一切都是潮湿的。

你那里一定不会这样，说冷就一下子冷下来。

我最近很闲，大部分的时间用来发呆。无聊的时候听你喜欢的蓝调，你知道那是容易让人落泪的音乐，所以我会爱上它。

你寄来的明信片我每一张都好好地收着，比起那些美丽的景观，我更喜欢你写在背面的那句"安好"，虽然字体歪歪扭扭，可是我想象得到你写下它们时那副可爱的样子。

家里的一切还是原来的布置，你订的杂志每月都会按时送来。开始，我把它们放在床头的柜子里，后来又堆在纸箱里，日子久了，我也不再整理它们，连上面的灰尘都懒得拂去。

记得那年春天我们一起种的鸢尾花吗？你走以后它一直病恹恹的，终于没能熬得过上个月的那场大雪。朋友问我要不要种些新的，我说等过了冬吧。

我不太想念你，只是不习惯而已。

## 春

我换了新的日记本,在扉页写了想念你的句子。

我每天都会腾出这样的一段时间,摆弄你还没有拼好的拼图,那些花花绿绿的硬纸片常在我手里打架,我总也不能让它们各归其位,相安无事。

早晨出门的时候,打开邮箱,看到了你寄来明信片。这是第三十二张,你在"天涯海角"。

我把园子里的花换成了雏菊,按时浇水,施肥。盼着夏天它们开花的样子。

每周五的晚上,我都会把电视调到体育频道,看你最喜欢的篮球比赛,在沙发上睡到天亮。

我开始读你书架上的书,看着书上你勾勾画画的痕迹,就会莫名地失落。

我不太想念你,只是不习惯而已。

## 夏

从衣柜里翻出一件旧裙子,是你出差的时候买给我的。从前我总嫌它老气,只穿过一次就压了箱底。现在,我把它洗干净,又熨平,挂在阳台上,裙角随风飞得很美。

我学会了煮饭,掌握了做菜的火候,我记得那时的你总是一身的油烟味,你说好男人就得下得了厨房,我对此深信不疑。

我没有再续订你喜欢的杂志,因为实在没有多余的地方给它们安家,你不会怪我吧?

我在网上淘了很多老电影的碟片,都是你从前嚷着要看的,我想等你回来的时候，和你一起看一遍，还要泡上一壶好茶，再来点儿新鲜出炉的瓜子。

我写的书还有几千字就截稿了，书名我想了很多个，可总是不满意。你曾经说过，会做我的第一个读者，可不许反悔！

我想趁着这阳光明媚的日子出去走走，戴上草帽，穿上T恤，像你一样自由而散漫。

我不太想念你，只是不习惯而已。

## 秋

落叶堆了一地，园子里满是秋意。

我寄出了给你的第一封信，告诉你我的现状。

我把你的白色衬衣洗得干干净净，勾了地图上最南端的城市。

我遇到了一个男孩子，他穿着灰色的运动衣，走进我的世界。我想我会喜欢上他，你也会喜欢他。

昨天收拾屋子，翻出了你和妈妈的结婚照，我把它送去照相馆镶了新的相框。照片上你们笑的样子，我好想快点儿看到。

在我离开家的第四百二十六天，我不太想念你，只是不习惯而已。

## 单人旅行，两人牵挂

微 晗

书上说，冬天来了，燕子往南方飞去。所以在这个冬天，当老爸允许我一个人去南方逍遥一阵的时候，我乐得四脚朝天。

在网上调查了一番后，我发现情况并不是太乐观。这个说，某天还出现了二十几度的高温，那个说室内零下三度，活下去成了奢望。重点是，这两位还是同一个地方的人。我爸白了我一眼，"小马过河的故事你白学的吗？"我闷闷不乐，貌似摄氏度这种东西是全国统一的吧。当然我不会说出来，因为最明智的做法就是在我爸反悔之前卷行李滚人，而不是跟他讨论这和小马过河是不是一个性质。

我私下跟我妈嘀咕这事，结果我妈只听进了那句室内零下三度，硬是给我塞得里三件外三层，让我以为我要去的是大西北。临上车之前她还特不放心地给我套了一条大红围巾。我说："娘亲大人，你要不要这么夸张？"我妈没好气地对我说："你这淘气孩子，热了还可以脱，冷了可怎么办。"我被我娘说得没话了，郁闷地上了车，她却还在背后叮嘱在车上要小心扒手，晕车了记得吃话梅……

果不出我所料，到了南方，我的穿着就一奇葩，而且什么穿得多还可以脱掉都是浮云，因为我怎么脱也不可能赶上他们的节气——满眼望去，那风衣，那打底裤，那短裙，根本就是一秋天范儿。阿昭说："姑娘，你是在模仿腾讯企鹅吗？"说完还伸出罪恶的爪子拉我的红围巾。

　　路过药店的时候，我还特地去称了一下，除了净重我的衣服重达六公斤，尽管阿昭一再强调说我胃里东西超过一公斤，但这也不能改变我穿得多的事实。

　　打开拖箱的时候，我发现我娘也是一奇葩，那么小的一个拖箱，她能在里面塞鞋子、袜子、裤子、外套、零食，最重要的是，她塞了一床被子，她居然给我塞了一床被子！阿昭看见那床被子的时候，直接笑倒，"你妈真搞笑，是担心我家没有被子吗？"我踢了他一脚，"还不是你，说什么室内零下三度。"

　　正说着呢，我妈电话就来了。问我到了没有，遇到阿昭没有。我说到了，正准备去吃东西。我妈继续唠叨，说什么各地口味不一样，让阿昭带我找一家和家里菜式差不多的菜馆。我嘴里应承，心想，我好不容易来了外地，怎么可能还傻乎乎地去找家乡菜。挂电话的时候，我妈说，出门风大，让我加件衣服。我说好好，我知道了。如果她知道我现在穿的和南方群众一样，肯定会一巴掌拍扁我。

　　在南方厮混了几天，感觉跟在家差不多——还是一天好几个小时要听我妈在我耳边唠叨，多穿衣服，多吃饭，不要吹冷风，不要踢被子……

　　阿昭说："你妈跟你感情真好，每天几个夺命连环call，哈哈。"他妈拿手敲阿昭，说我们这群没良心的小孩儿哪知道父母心。

　　听着这句话，我突然觉得有点儿惆怅，我家那里比南方冷，我妈出门比我多，最近声音有点儿嘶哑，好像是感冒了，可是我从来没有跟她说出门多穿衣服，感冒了要多喝热水，按时吃药。

　　我对电话那头说："美女，我要回家了，你照顾好自己，我回家看你哈。"我妈半嗔怪地说："你这小孩子，没大没小。这几天你没在家，不知道我们省了多少心……你喜欢吃什么啊，我跟你爸明天就去买……"

　　呃，亲爱的小老头儿小老太，我现在真的是归心似箭了。这几天阿昭妈妈把我喂胖了，不知道你们看到以后会不会以为我是水土不服造成的虚胖呢？

### 我是你一生的不离不弃

　　时光之轻，青涩的爱情早已远去，可友谊是一辈子的地久天长。纵使不久后青鸟各自飞，在同一时空下忙碌着属于自己的生活；纵使几年后的我们，等不到武汉城的樱花繁盛；纵使各自成长，变成记忆之外的模样。十年之约不会忘，灰原不会衰，眼泪不再流。
　　我会是她一生的不离不弃。

# 满树繁花开，良辰依旧在

陌浅狸

有这么一个人，她知道你的喜好，清楚你的性格，包容你自己都无法忍受的小毛病，甚至比你妈妈还要了解你。你哭泣时，她默默地递纸巾借肩膀给你；你高兴时，她也乐呵呵陪你手舞足蹈。你们吵过、闹过、分开过，最终还是红着眼眶和好说着永不分离的傻话。她就是你倾城时光里的同行者，她就是世上第二个你，你最亲爱的闺密。

## 真心话大冒险

其实在写这个故事之前，我踌躇了很久，要不要把这么猥琐的事情公之于众，如果有暗恋我的怎么办？好吧，开个玩笑。反正注定是要踏上谐星这条不归路的，不介意拿出来娱乐一下大众了。

你一定玩过"真心话大冒险"吧，你也一定有个损友就爱拆你的台问些八卦至极的真心话，或是让你做些猥琐至极的大冒险吧。菜菜于我，就是这样的存在。

我记得那是个阳光明媚的午后，独守空闺百无聊赖的我呈"大"字形躺在床上"挺尸"，时不时抬起头四十五度仰望天空凝眉深思：这样无聊的假期何时是个头。所以在接到菜菜的电话后，我立刻原地满血复活，以迅雷不及掩耳之势冲去了"快乐空间"。菜菜、包子，还有一些我叫不出名字的甲乙丙丁早早围成了一桌，再当我看到桌子正中央那个空酒瓶时当下一惊，大事不妙，今天的活动是"真心话大冒险"。经过一番强烈的思想斗争之后我终于下定决心，既来之则安之，姑娘我也不是吃素的。

结果我后悔了……不到半个小时我就后悔了……

不知是那酒瓶看到我觉着格外亲切还是我太过倒霉，六局下来我中奖四次！本着大冒险有损我女神形象的想法，我毅然决然地选择了真心话。可是回答完她们提出的"你在幼儿园暗恋过谁""最希望和哪个朋友谈恋爱"等奇葩问题后我不淡定了！这是什么侏罗纪时代的问题，她们这是要坑我吗？！于是第四次瓶口对准我的时候我立刻拍案而起："大冒险，说什么也要大冒险！"菜菜和包子交换了一个眼神，相视一笑，极为狡猾。哼，她们果然是在坑我。我霎时感觉背后渗出一股凉气，鸡皮疙瘩掉了一地。

果不其然，菜菜一手支着下巴，一手敲着桌子，大眼睛滴溜溜地转着，每次她预谋什么坏点子的时候都是这个标准动作。

"佳佳，你只要拿着这个坐在马路边十分钟就好了。"她迅速地从包里掏出了道具——白色钢钵。我被雷得外焦里嫩……原来这货早有准备，失策啊！

君子一言驷马难追，我心一横，豁出去了，不就十分钟的事嘛，今儿个姑娘我就把这"冒险王"的称号坐实喽。我端着钢钵昂首挺胸走了出去，一路上不停地自我安慰："徐小佳，你丢人也不是一次两次的了，不用怕不用怕……"可是看到路上来往不绝的行人后，我还是蔫了。没办法，硬着头皮坐了下去。形形色色的路人从我身旁经过，无不带着探究的目光打量着我，有鄙夷的大妈，有捂着嘴偷笑的少女，有好奇的老人……平日里飞快的十分钟此刻似乎有半个世纪那么长久。再看看离我五米远的菜菜，笑得前仰后合，一副快要撒手人寰的样子，实在是虐心啊！

当然，出来混迟早是要还的，素有"腹黑女王"之称的我也没少折磨她。

她睡觉流口水的憨样、才起床时的鸡窝发型、无数个搞笑雷人的瞬间……我会轻易地放过吗？通通被我定格在相机镜头里，等我哪天心血来潮时制作一个相册合集放到空间主页上去，访问量，你们懂的。

物以类聚，人以群分。我也是个不厚道的姑娘啊。

## 拉锯战

时光之轮轰轰辗过，路过我们的十三、十四一直到十八岁，这六年光阴里，我们有过惺惺相惜，有过欢声笑语，也有过剑拔弩张、水火不容。记忆里最激烈的那场争吵是因为她的男友。他是比她大一届的学长，两个人从一见钟情到日久生情竟也有一年之久。本来我还觉得这小伙子挺可靠的，所以时不时和菜菜开玩笑："等你们毕业了就去领证吧，一人四块五，姑娘我给你做伴娘。"平日里御姐范儿十足的她竟一副娇羞小媳妇模样，眉眼里藏不住的欢喜。

好景不长，周末我和她去逛商场时恰巧看到她男友搂着一个娇滴滴的妹子谈笑风生进了KTV。这看似柔情似水的男生原来是个朝三暮四的主儿。我拽着她想要找那对野鸳鸯算账，可这个当事人却比我想象中懦弱得多，哆哆嗦嗦拉着我往回走。恨铁不成钢啊！晚上趁其不备我拿她手机给那男生发了信息，大骂一通然后利索地分手。没想到第二天早上那男生就过来向她认错，说什么自己一时昏了头，再也不会犯同样的错误云云。也不知道他给菜菜灌了什么迷魂汤，无论我是好言相劝还是恶语相向，这厮都不为所动，铁了心要和那男生复合。你们了解那种感觉吗？看着自己最亲密的朋友往火坑里跳，自己却无能为力。愤怒夹杂着失望，我也就口不择言："好，你干得漂亮，你为了这么一个男生要和我撕破脸吗？我今儿个就撂句话，有他没我，有我没他！"

恋爱中的女人果真是不可理喻："阿佳，我不能没有他……"

我没等她说完就大步流星地离开，心一点儿一点儿凉成寸灰。爱情面前，我视若珍宝的友谊原来是这么不堪一击。

后来的一个星期，我一直在躲着菜菜，我没和她讲过半个字，QQ上线也是隐身。我听包子说，她和那个男生分手了，是她主动提的。我装作不经意问到她还好吧，包子却一脸鄙夷："你们两个厚脸皮是演哪出子的偶像剧啊，明明都关心彼此却硬生生搞这么多破事。"

"嗯？什么意思？"

"菜菜呀，总想着和你道歉，却又没有勇气，以为你不会原谅她了呢。喏，这是她给你的道歉信。"

我目瞪口呆！这傻丫头，还真以为我的心是石头做的呀。我飞快地向她家跑去，一路上都在想着要好好教训这个死丫头，却意外在我家楼下看到了她。千言万语如鲠在喉。

我们面对面站着，凝望着对方，一副历经千山万水久别重逢的安然模样。时光却轰然倒退，回到了过去，我看见新生入学那天，她抱着书本笑得明媚，"同学，不介意我坐这里吧？"

六年光阴，青涩的爱情早已远去，友情却盛大到繁花似锦。谢谢菜菜一路的不离不弃，未来的日子我们也要一起尽情折腾欢闹，即使老去也不枉此生有你相伴。

# 流年，仅此落幕

暮色琉璃

## 1

荸姐笑得十分诡异地向我走来，我嗅到了奸诈的味道。果然，她把一颗纸折的心塞到我手里，凑到我耳边说："是普通班的男生叫我给你的，你自己看。"我不动声色地"哦"了一声，塞进口袋里，另一边的一群男生开始起哄。我上了楼，在转角处打开了那封信。无聊，肤浅，幼稚。我撕得很干脆，扔进了垃圾箱里。

"情书啊？"陌影路过调侃了几句。

"嗯。"我没有理睬他继续上楼。

"喂，好像很多人喜欢你啊。"

"都是看外表，那些喜欢算不上喜欢。"

"那你觉得什么才叫喜欢？"陌影突然认真了起来。

我眼前浮现那个人的身影，那个暗恋了三年的人，"喜欢嘛，应该是他笑你就开心，他难过你就难过，你觉得他的缺点是美好的，你会在某个时刻想起他。"还有一个很悲哀的事实，当你喜欢一个人的时候，你就开始学会耍心机了，这点我不想说，更不想去承认。

"这样啊，那苏浅我好像喜欢上你了。"我白了他一眼，无聊，肤浅，幼稚。

## 2

"苏浅，你出来一下。"正当我捧着烧仙草吃得正欢时，门外有个不认识的男生叫我。既然叫了肯定有什么事的，我放下烧仙草走出教室，外面站着一高一矮两个男生。我迷茫地问："谁找我？"原先叫我的高个儿男生指指矮个儿那位，别过脸去。矮的那位貌似还没我高，羞羞涩涩地问我有没有男朋友。我突然有了一种邪恶的心理，转身向教室里喊："周陌影，有人找你。"矮个儿男生突然就慌了："没，没有，我不找他……我们走啦！"说完急急地扯住高个儿男生跑了。其实教室里只有几个人，而且周陌影也不在。

我无所谓地耸耸肩，继续回去吃我的烧仙草。有个朋友贼兮兮地问："又是一个表白的？"我感叹地认同《画皮2》里的一句台词："男人看中的，只有女人这一副皮相。"外表什么的就算是不重要，也很需要，不然怎么会有人好好的却去整容呢？

## 3

"你们班的苏浅是哪一个？"我正准备进教室就又听有人来找我了，难道我有这么受欢迎吗？我走过去回答道："就是我。"

"你跟我来一下，我有话跟你说。"

旁边的人笑了起来："苏浅，魅力真大呀，不仅男生，连女生都来找你了。"我狠狠踹了笑得最欢的周陌影一下，跟着那个扮非主流的女生出去了。

"听说很多男生追你？"她带我到楼梯口就一改刚才有礼貌的模样，一出口便是无聊、肤浅、幼稚的问题。

"如果你想问这种无聊的问题,那我回去了。"

"我告诉你,不要以为你长得漂亮就了不起了!"

涂着黑色指甲油的手指点着我,让我觉得很不耐烦,"你找我到底干吗?"她最后说她喜欢上了一个叫庭的男生,但是他却在追我。她嘴里说希望我和庭在一起能让庭幸福,在我耳朵里成了一个笑话。

我问她:"你多大?"

她愣了愣,"十五岁。"

我语重心长地说:"感情是不能勉强的,你不能勉强我喜欢上他,就像你不能勉强他喜欢你一样,就算我和他勉强在一起了,我一直在骗他,到头来我们三人都不会开心。而且你才十五岁,我们还不成熟。"

她低着头认真听我讲完,最后看着我说:"这些我都懂,但是我不知道该怎么办,我真的很喜欢他。"

"笨啊,说那么多没用的,告诉他不就完了。"周陌影痞痞地靠在墙边冲我抛了个媚眼,"苏浅,我真的很喜欢你。"

## 4

我正趴在桌上闭目养神,在一阵沙沙的写字声中我竟捕捉到一点儿笑声。我歪过头,看着相隔好几组的陌影在和他前桌的茉璃聊得正嗨。时不时两人捂着嘴笑,一副十分有默契的样子。我盯着他们俩的笑颜突然也想笑,因为我想起茉璃跟我说过,她喜欢周陌影。

我问她:"为什么呢?"她低着羞红的脸:"因为他很优秀,人又幽默风趣,其实长得也还不错……"

作为交换,我也告诉她我喜欢谁。那个人叫周陌影。

茉璃欣喜地拥抱住我说:"真不愧是两姐妹,都喜欢上同一个人了。"忘了说,她全名是苏茉璃。

其实我也不是很喜欢他,只是不说的话茉璃会死缠着我不放的。爱情这种东西,对不起,我戒了。

## 5

我晃了一下鼠标，最后决定在周陌影的QQ头像上双击左键，打上了一行字："你觉得茉璃怎么样？"

很快便有回复："挺好的呀。就是野蛮了点儿。"

"那你喜欢她不？"

"不是我喜欢的类型。"

门敲了两下，我赶紧把记录删除，关掉对话框。是茉璃，她把西瓜拿进来给我时瞥见屏幕上他的头像在闪烁着。

"你们在聊天吗？我可不可以看？"说着就要打开对话框。我急忙抢过鼠标，下掉QQ。

"你自己跟他聊吧，我出去吃西瓜。"我用门隔开了自己和里面看不出表情的茉璃。

我不想因为一个男生破坏姐妹的感情，毕竟暗恋是暂时的，姐妹之情才是永远的。

## 6

其实他发过来的信息是："我觉得你好像有些不喜欢的事仍然逼着自己去做。"

"只做自己喜欢做的事情，那不叫个性，叫自私。"

我盯着这段记录，心里默默地想：就像我不会和茉璃抢一样，她喜欢的东西尽管去追求好了。虽然我不太喜欢这样，虽然，我也慢慢喜欢上了他。

"难道你认为做自己不喜欢的事就是大公无私？"

"那是因为我看见自己在乎的人开心会比我自己一个人开心要更

开心。"

懂了吗？你和茉璃都是我在乎的人，你们俩开心，我也就开心。多年之后，你周陌影也不过是苏浅云淡风轻地笑笑就可以忘却的人。

大多少年事，一般无疾终。

## 7

只是有一件特别伤感的事，就是当苏茉璃问周陌影是不是喜欢苏浅时，周陌影回答说："以前是，现在不是了。"苏浅也笑了，正是因为很多事是"以前是，现在不是了"，所以才有那么多人痛恨"曾经"这个美好又残酷的词语。

我靠在楼梯口的墙边，对面窗口的阳光温柔地散落在我的身上。我微闭上眼睛，突然想起有个少年曾靠在这个地方对我说："苏浅，我真的很喜欢你。"

# 我是你一生的不离不弃

暮色琉璃

慵懒的阳光肆意地流淌在轻音乐飞扬的"地下铁"中，真巧在这么诗意的时刻遇见你，趁她还没来，有时间坐下来听听我们的故事吗？

## 十 年 之 约

其实这个世界上有很多事情很奇妙。

我和她在初中已经同班了两年，说过的话还不到十句，而现在的我们却成了无话不谈众人称羡的好闺密。

故事情节发展改变原来的轨道是因为在初三这年她得了急性阑尾炎，而我打算凑个热闹去看她。消瘦的她在弥漫着消毒水刺鼻味道的病房内更显憔悴虚弱，此情此景竟让她的一个朋友哭了起来。

至于吗？我有些不屑。

她们一直聊着学校里让人开心的事，而我的眼睛一直没离开屏幕，只是偶尔地转过头来冲她们笑笑后又转投电视的怀抱。

我没有想到她会送我一张柯南的海报以表示对我去看望她的感谢。于是乎，身为资深动漫控的我们在日本动漫强大的磁场下慢慢地熟络起来，然后——黏在了一起。

爱着毛利兰的她、恋着灰原哀的我一同站在夕阳垂柳下约定好十年之后，携手在东京铁塔下共赏一季繁盛樱花。不知道十年后的我们回望暮光中微笑的彼此、柳荫下少女的帆布裙和这个可爱的十年之约时是怎么样的心情。

## 梦想之花

她拼命努力地补习因住院落下的功课，并终于如愿以偿地和我进到了同所高中。

经历了近乎残酷的初三，高一的生活就显得缤纷绚丽了起来。她拿着画板走进了向往已久的画室。她说她想当一个漫画家，开一家像"地下铁"一样的奶茶店，养一只毛茸茸的波斯猫，最好可以考上武大，看看樱花，"然后挣够了钱和你一起去日本"。她月牙般的眸子清澈地映出了我的暗影。

我在心里偷偷地把北上的目标涂抹干净，再郑重地写上"武大"两字，闪闪发亮。其实我已然打算好，哪怕遍体鳞伤，哪怕她终未实现，我也想去完成它。

有歌唱道："风吹起满天的云有不同的方向，再多苦再多痛我仍要飞翔……那些歌还有梦在空中飘荡……心中的花在脚下已悄悄绽放……"

## 感情之惘

高一时，她开始了自己的初恋。

她向反对的父母说："我不知道我做错了什么，我努力考上重点高中成为你们的骄傲，我也会继续为了武大而努力，这只是单纯地喜欢，不会影响我的学习，仅仅只是喜欢而已，难道你们没有萌动的青春吗？"

她的父母最终选择了沉默，可以说她是我见过最勇敢地去忠于内心感情的女孩儿，所以她拥有一对并不开明但爱她并且宽容的父母。

即使我早已知道结果，但我还是对她说："亲爱的，这是你的选择，无论你的决定是什么我都会微笑地支持你。"毕竟青春中的美好追求的不是结果，是过程对吗？

## 眼 泪 之 殇

只是我没想到这一天就那么快到来了——

"他不喜欢你了。"传话的男生淡淡地说。

我顿时紧张地去看她的脸，苍白而无血色。就这么愣在那里一动不动，眼睛空洞无神。我急忙抱紧她，像抱着一个透明真空的玻璃娃娃，随时会被心脏强烈地撕扯震动而碎掉。她的眼泪如夏季的暴雨，猛烈而又急促，就像闷热空气中翻卷着随雨点飞起的尘土扑面而来，让人沉闷难受。

好心疼，真的好心疼。我似乎有些明白，当我们去看望她时那个为她哭泣的女生的心情——纵使有承受她眼泪的肩膀，仍然害怕她受伤。但我知道，感情不能勉强分手成必然的年少轻狂。

我伸手擦掉她的眼泪，"亲爱的不要难过了，无他又何妨，把年少当玩笑一样开了，痛过了就算了，绝望过了就好了，他抽离了你的人生你会更灿烂。"

"年华中总有那么几个人改变了你天真的想法，但最后还是要擦掉眼泪满怀感激地向前走。"

"他是茫茫人海中不小心途经你人生的过客，你会遇到更珍惜你的人，终究会遇到的。"

"我会是你一生的不离不弃。"

她咬紧了下唇甚至渗出了血丝才不让自己哭出来。

## 时光之轻

即使是快节奏的高中生活，我们仍能黏在一起。

有时会抱着饭盒甜甜地叫阿姨，凌乱了当时掌勺的叔叔；会找一个天气温暖闲得无聊的午后跑到"地下铁"点一杯情侣杯蹭Wi-Fi；会去老台门排长长的队伍只为等两个美味的流沙包；会去风味拉面馆要一碗牛肉刀削面，两双筷子一个碗吃得热火朝天；或者走街串巷买几串黑糖葫芦后满大街游荡。

最后发现身上所剩无几，就在夕阳中戴着播放爵士乐的黑色耳机在一片夕阳暮色中乘着公车回家。

我们又都是彼此的肩膀，互相搀扶走过年少的一段段伤。

比如说，那些质疑和嘲笑像利刃一样向我飞来时，我以为我可以做到坚强如斯刀枪不入，但攥紧衣袖的手心不断地渗出汗水都强压不住身体剧烈的颤抖，争先泄露我内心无尽的波澜起伏。她只是用力抱紧我说："没事，还有我。"真讨厌让一句话就戳中泪点的自己，不想轻易地就左右自己的情绪。就在这个温暖的拥抱之前我连眉头都没皱一下，只是这么简单的一句话就使我原形毕露，红了眼眶。

比如说，尽管接近凌晨，电话还是不知疲倦地响起，在看到来电显示上的名字后我猛地从床上爬起。她在电话那头用尽力气去压抑的哭泣让我不知所措，仿佛一切安慰都是徒劳，她孤寂地在房间一角，没有纸巾没有拥抱。最后她说："有你真好，然后安然睡去。"

她会亲手织一条黑色的围巾，我让它整个冬季都趴在我的脖子上。会在第一时间把好吃的分给我。于我，她从不怀疑从不说谎，付出总是多于回报。平生第一次觉得，即使某天我们都将被饿死，只有一口面包，我也会装得一脸嫌弃地递给她："我比你强得多，再活几天都行，你不准死在我前面。"

时光之轻，在彼此间的温暖中缓缓流过指尖。

## 灰原之哀

　　时常有这种错觉，她就像毛利兰——纯洁，善良，大方，关心别人，咬着牙含泪坚强；而我像灰原哀——冷漠，倔强，总是一副刺猬般生人勿近的敏感样子，但也有最想保护的人。当这样的毛利兰和灰原哀相遇，那么灰原也只有"哀"。我安慰自己不是没人心疼而是我从未诉说。

　　我说："你知道我多羡慕你吗？万人疼惜的公主，天使一般的存在。他们舍不得你哭，舍不得你难过，以各种方式安慰你心疼你，让你在岁月里坚强快乐。""你没有怨言地陪在怪脾气的我身边很久很久，我却不能好好保护你不受伤害。每次你哭我都好心疼，多想陪你哭一场，然后睡去，明天如常看见你的微笑。"

　　她只是笑。

　　时光之轻，青涩的爱情早已远去，可友谊是一辈子的地久天长。纵使不久后青鸟各自飞，在同一时空下忙碌着属于自己的生活；纵使几年后的我们，等不到武大的樱花繁盛；纵使各自成长，变成记忆之外的模样。十年之约不会忘，灰原不会哀，眼泪不再流。

　　我会是她一生的不离不弃。

　　好了，她来了。谢谢你听完这个故事，祝你愉快，再见！

## 闺密的"闺",闺密的"密"

年蚀

"我喜欢阿狸、海绵宝宝、龙马、鲁夫、骗人布、那没、乔巴、周助、索隆、香吉士、东东、图图、史迪仔、波塞东、宙斯……还有你。"

当我在空间上再次翻看这则留言的时候,我开始重新审视自己,到底真有那么好?肯让你从众多喜爱的动画人物中容一个位置来给我?我摇摇头,又点点头,心底好像有一处动了一下。

我开始回忆,回忆你的点点滴滴。

我想给我们的故事下个定义,却不知用哪个好,你说是"女汉子与天然呆擦出的火花"还是"女汉子的铁骨柔情"呢?我这个女汉子心底也有柔软的地方,那只是对你。

你是个天然呆,可以说是你向我们完美诠释了天然呆这个词。哦,不要生气,别忘了,呆到深处自然萌嘛。忘记了从什么时候开始,我叫你阿呆,然后我开始自称狗屎……

狗屎记得,阿呆是温暖的,阿呆是面呆手巧的。阿呆会用橡皮泥捏一小盒子的超小玫瑰花在我生日时送我,阿呆会在我与朋友发生矛盾时逗我乐,阿呆会用她独特的小清新让生活更有乐趣。

阿呆阿呆,我知道,你有你的奥妙。

阿呆真的很倒霉。学校抽风组织了一次集体活动,你很不幸地被选中，然后你们班很不幸地摔成一团，再然后你很不幸地被人压在地上，把牙硌活动了。哦，不只有你受伤，可是她们都是简单的皮外伤。只有你啊，吃不得，喝不得，还要多次去医院决定你那两颗门牙的死活。这件事被人添油加醋地传得沸沸扬扬，结果就是说你们班级在这次活动中，有两个摔骨折的，还有一个满地找牙的。没错，不要躲，那个被说成满地找牙的就是你！

很奇怪，我明明很心疼你，可为什么一见你除了取笑还是取笑？我希望你每天都嘻嘻哈哈的，我喜欢听你呆呆的笑声。

我以为日子可以一直很轻快地过下去。先是我解放，再是你解放，再然后一起浪迹天涯。可是一场车祸打破了原本宁和的生活，它让你再也见不到你的爸爸。

当这个消息传到我的耳朵里时，我先是一瞬间的空白，紧接着担心、恐惧、不知所措……那些情绪迅速在我心里发酵，脑袋像快炸掉一样。一种无力感充斥着我，我曾以为我可以为你做很多，但事实上我什么也做不了，就连陪在你身边也做不到。我只能在屋子里发呆，心想着："阿呆怎么样了……阿呆怎么样了……"怎么往哪里看都是你。

葬礼，我执意要去，去看看你，让提着的心落下来。当我找到你，搂着你，感受着你的抽噎，那天明明没有很冷，可我为什么由内至外地冷。当一切退去，只留下寂静的时候，突然有好多话要对你说。可发信息时，我的手是颤抖着的，怎么摁都摁不准，好久只打出"阿呆"两个字。我苦笑，原来小说里写的都是真的，原来心真的会一抽一抽地疼。

如此，我的打击都这么大，我无法想象你会如何，我不忍去想。

你说："我都打算好周六周日要做什么了，结果……"

你说："我爸最帅了！"

你说："过去的人已经过去，听不到声音再也接触不到，甚至连声'再见'都无法传达到。"

你说："总有某个人的存在是谁都无法替代的。"

……

　　阿呆，原谅我总是不知道该用什么方式去表达，我很笨。

　　阿呆说："狗屎，不要把生活的重心偏向我这里了，还和以前一样啊，我好有压力……"

　　我一怔，"我生活一直没有重心，我其实特傻，有时候令人烦的那种傻，我只会用一种属于我的笨拙的方式去表达我的在乎。我真的很傻。"

　　我的手指飞快地流转于键盘之间，我不知道什么时候将键盘记得这么清晰，正如我不知道什么时候已经偷偷地将你放在我的心里一样。

　　嗯，还是"女汉子的铁骨柔情"吧，这个不错。还有，我好像找到我点头的原因了。

# 由来已久的念头

### 潘 潘

　　许英从讲台上兴高采烈地走下来时,我还未调整好我的心情,等她在我身旁坐下来,我才意识到自己的反应过度了,立刻转向同桌的她,面带微笑地说:"恭喜你啊许英,我就知道你一定能行。"我看到她掩饰不住的笑意,甚至听得到她那因兴奋而剧烈跳动的心脏发出的声音,"谢谢。"请原谅我,这一刻我真的萌生了想掐死她的念头。

　　这种不轨的念头,我知道,是妒忌。我已经不是第一次妒忌她了,这种念头由来已久。

　　"小宛,你不是也参加了比赛,怎么不见你的奖项呢?"她面带无辜地问我,声音不大不小,足够周围的人听见。我无法否认,因为那天她看到我了。周围的人露出类似鄙夷的眼神,请再次原谅我,第N次想掐死她。

　　没错,上个星期六,市里举行作文比赛,我偷偷报名了,因为不想再出现类似前几次被比下去的结果,我瞒了除老师以外的人,本以为输了也没有人知道,可是意外出现了。

　　我看错了时间,等匆匆赶去比赛地点的时候,时间已经来不及了,我不知道我是不是很傻,跑到门口大喊一声"报告",瞬间万众瞩目。就在那时,我看到了前排的许英,碰巧她也看着我,我敢肯定,她的眼神是充满笑意的,因为她的嘴角已经弯起来了,嘴边有浅浅的梨窝。她的笑比众人的目光更令我无地自容。

该怎么回答才显得我实力超常，却发挥失常呢？"我那天肚子痛，当时是从医院跑过来的，没写几个字就交卷了。"蹩脚的谎言，却充分体现我对学习的热爱，对此事的重视，更可贵的是我带病上阵的坚持不放弃的精神。

同学A说："唐小宛，你不放弃的精神真让我敬佩。"

同学B说："是啊，真有你的，带病上阵。"

同学C说："如果是因为生病了，发挥失常没拿到奖也是情有可原的。"

甲乙丙丁附和："是啊是啊。"

许英没有出声，我猜她一定很不甘心，我失败了，却成为众人艳羡的对象，抢光了她的风头。我很开心看到她吃瘪的样子。

"唐小宛。"讲台上的老师叫了我一声，我马上正襟危坐，不再扰乱课堂秩序。

"唐小宛，上来。"老师没有放过我，坚持喊我的名字。

"我知道错了，老师。"我怯怯地站起来，弱弱地请求原谅。

"错什么错啊，你，作文比赛一等奖。"

我没听清便回答了："我下次不会这样了。"全班静默。几秒后我才反应过来，我，唐小宛得奖了。

"唐小宛，谦虚也该有个度。"尽管是严肃的话，在我听来却有如天籁一般，平时面目可憎的老班顿时变得可敬又可亲。

我愣了几秒才回过神儿，掌声从四面八方涌过来，我的心情就像《唐伯虎点秋香》里华老夫人听完华安的叙述后，有些飘飘然的感觉。我侧头看了看许英，她在奋力地鼓掌。座位与讲台之间的距离突然变得很近，我努力地放慢步伐，想让这掌声持续得久一些，再久一些。当我的脚步停顿在讲台前，伸出双手接过奖状，掌声便停了下来，但我知道，下面有七十三双眼睛带着艳羡看着我，我则带着企盼的目光看着老师，不肯转身回到座位。许久，老师终于读懂了我目光里的含义，"再接再厉。"我这才肯回到自己的座位。

微仰着头，阔步走向座位坐下。"小宛，没想到你这么厉害，想必不是失常而是超常吧！"同学甲调笑道，"若是近朱者赤，近墨者黑，你和许英都得了奖，什么时候我们几个也能得个殊荣回来显摆一下。"周围的人都附和着笑了起来，我悄悄地瞄了一眼许英，希望从她的神情里捕捉点儿什么，哪怕是失落或抓狂。但，什么也没有，她始终保持着微笑，仿佛是在真心替我感到开心。

也许，她心里的嫉恨在将她缠绕，不甘的情绪逼迫她露出狰狞的表情，她想嘲笑我的目的没有达到，愤恨得不到发泄，可她却一直在笑，这是物极必反吗？

又或是发自内心地祝贺我？

"现在继续上课。"老班的话打断了我纷杂的思绪，同学们都安静下来，课室里仅剩下翻书的声音……

在我的走神儿中这堂课很快过去了，老师离开教室后，同学们开始肆无忌惮地聊天，但，没有一个人提到刚才颁奖的情形，如同往常一般，毫无异样。似乎只有我这个当事人才将这件事耿耿于怀，这个小插曲，对周围的人来说简直是微不足道。

"小宛，那你现在感觉好多了吧。"许英对我说话，我没反应过来。"哈？"有些摸不着头脑她在问什么。

"你那天的病，现在已经好了吗，怎么不好好休息呢？"许英在笑，她的眼睛也在笑，可里面还隐约浮动着名为担忧的情绪。

"嗯，好，很好。"一个谎话要用无数的谎话来圆，此时我才愧疚起来，我欺骗了所有人，他们总有一天会发现，接着我便要接受无数的鄙夷。

"没事就好，没想到你这么厉害，竟然是一等奖呢。"她的表情好像有些苦恼，可是眼睛里却没有一丝懊恼的意思，单纯的笑意。我才惊觉，她眼里的笑从来不是嘲笑，只不过她因为真的开心，所以每次都充满善意。

我低下头，仿佛有些愧疚不敢看她，小声咕哝了一句"对不起"。

她疑惑地看着我，问："你说什么？"

"没什么，看书吧。"她半信半疑，但还是转回头去，翻看下一节课的书。

我说对不起，是因为自己一直以来的小心眼儿，从来不想自己努力去超越，只一味地希望别人做不好，让妒忌蒙蔽了双眼，看不到许英的好。当我拿到了自己所迫切希望得到的，站在别人的角度看事情之后，才发现，那些得到奖励的人，从不会看低做得不好的人，心里也希望他们能通过自己的努力获得同样的成绩。都怪自己把荣誉看得太重了，将人心都做一番猜度，但我知道，日后我会将这些身外之物看轻一些，多去理解别人的内心世界。

我决定了，找个机会和许英谈谈，坦白自己之前的心理以及刚刚的谎言，相信她一定不会介意，毕竟朋友都需要付出真心，坦言心事。现在想想，那一些妒忌是多么可笑，竟让自己产生了那么多恶毒的想法，变得愤世嫉俗。

今天的天气很好，豁然开朗的心境让我觉得身边的每个人都变得美丽了。

# 没有什么新闻

小 漾

第一次见到你顶着两只瓦黑瓦黑的眼睛站在门口时就有一种沧桑的悲壮感，坐在门旁桌前的我望着站在旁边把门的你瞬间就被华丽丽地雷到了：原来世界上真的有人可以和熊长得那么接近！你踩着上课铃声走进大教室，数学老师瞅了你一眼，顿了顿，开始讲课。

这是临近中考学校组织的数学培优班，各个班想要数学拔高的同学可以在每周二和周四的晚自习时间来大教室上课。我和同班的两位男同胞一起参加了这个课外班，想趁此机会吃点儿"小灶"。那个课堂是三个人一张桌的布局，我们仨就在门口的一张桌前坐定。接下来，你便出现了。在"人满为患"的课堂上，想要看清黑板却忘记戴眼镜的你以庞然大物之躯矗立在我前面，我就趴在桌上默默地想：我以前怎么没有见过这人呢，想必他一定是贼老实贼低调的小朋友吧！

看见你和我右侧的同学不在一排却要共享同一张卷子，我就猜到了你不仅忘记了戴眼镜，忘记了上课时间，还忘记了听课用的卷子和笔。当时不知哪股热血冲进大脑造成临时性神经错乱，我竟把自己的卷子借给了你，而自己却和左边的同桌用一张题签。想起后来你说，遇见我的第一天就记住我了，因为你感觉我很仗义，仗义到让你想痛哭流涕。

这就算认识了吧，用其他作者惯用的形容就是两条直线有了交集。不过我还不知道您老人家尊姓大名，也懒得问，干脆叫你"倒霉熊"，谁让你跟熊类长得那么相似来着！我们交换了QQ号，每次一起上课都会小声交谈一些无关紧要的事。比如你喜欢打篮球，我也喜欢；你学习超好，长大了希望成为运用数学于生活的设计师，而我的数理化成绩却痛到了我的内心，所以会坐在这里抱以力挽狂澜的希望。

时光就这样不痛不痒地过去了，在我们打着哈哈闲聊乱侃时，中考翩然而至，然后又急急忙忙奔向下一站迫害下一届为学习忙得头昏眼花的孩子们去了。

放假了。我记得这是自从上初中后放得最长的假期。两个月以来，我每天自然醒，醒了就捧着鼠标键盘当蜘蛛侠，每天的必修课就是爬上网和你聊起来没完。我们总是相当默契。打开QQ好长时间后想要和你说说话，还未等我的话送出，就听见"嘀嘀嘀"，你的对话框亮了；晚上我刚刚准备下线洗洗睡了，就看见你说"先不聊了，我去洗澡"；在一场混乱的交谈后，我们会说出同一句话，而且发送的时间几乎完全相同。

然而有时候你却欠揍地让我想把你一脚踹飞。人家好好地在走路，你突然出现在身后一声熊吼把我吓一跳。那时的你多么讨厌，好好的心脏都被你吓出心肌梗塞了。我捂着胸口生怕心脏失去了跳动的能力，你却在那里一副小人得志的模样。我以最快的速度打字你还嫌慢，说我是蜗牛。还有我不喜欢别人叫我"姐"，你就偏叫。我吹的是长笛，你却难听地叫它大长笛。我喜欢哆啦A梦，你就恶意地叫大脸猫……

好吧，这些不算什么。谁让你帮我从老师那里偷来卷子，谁让你借篮球给我，谁让你每次都在电脑前无休止地等待我正在输入的内容，谁让你在我无聊的时候陪我聊天，谁让你在我懈怠的时候给我打气，谁让你是我的好哥们儿呢。

从陌生、相识到熟络，再到无话不谈，这样的日子真的让人觉得温暖肆意得不像话，说真的，我都羡慕自己有这么一个朋友了呢。

新学期，我们都顺利进入了实验高中。你被分在实验班，而我却是普通班里普普通通的一员。从前把新学校里的一切都想象得天堂那样美好，真正到了这里却不禁失望。你对我说在这牛人遍地的地方要自信，要加油，要努力。因为你在实验班等着我有一天可以和你同桌。我"哦""嗯""啊"地答应着，心底已然泛起一股小小的想要学习的冲动。

可惜冲动只是冲动。每次屁股刚挨着桌前的板凳，看着桌上堆积如山的练习题冷冷地对我笑，那些小小的冲动就立刻化成烟飞走了。

于是一个月后的月考，你从前百滑到了前六百，我也只排了八百多名。呵，多吉利的数字，我却因为这个数字趴在枕头上呜啦呜啦地哭了那么长时间。哭完了，成绩的事也忘没了。于是重蹈覆辙，恶性循环。接下来便有了你不停地给我讲大道理，什么要讲究学习效率呀，什么要制定计划呀，什么要心无杂念呀。你还说要我和你平起平坐，不能总让你嘲笑我笨。那好吧，接下来我的目标就是有一天我有能力对你说："我超过你了，你才是真正的笨蛋！"

当中秋和国庆相遇，学校很自觉地放了我们七天假。放假的前一天遇见你，你表态说这七天你要从早五点用功到晚上十一点，不然下次考试你"实验班学生"的头衔就没了。

我默默地决定要陪你一起学习。这些天熬得又苦又累，睡眠时间比上学时的还要少。从前放假是睡到自然醒，而这些天则是醒到自然睡。不过想起有人在陪我一起熬夜一起用功，那股小小的冲动就翻着筋斗云飞回来了。相信总有一天，我会和你站到同样的高度看风景。

某天和你聊天，突然就很想把你的备注由姓名改成"十班的坏蛋"。好多天后我才发现，在我的QQ名单里，你成了唯一一个没有用姓名直接称呼的人。十班的坏蛋——十般的坏蛋，天知道你有多自恋呢！拿着我的签名当镜子照，还自以为自己有多么闻名天下。若不是我泼冷水给你，你会不会在白日梦里醒不过来呢？

什么时候开始，你成了唯一能看懂我微博的人；什么时候开始，我的每条微博后面都有你的留言；什么时候开始，想起我是哆啦A梦，你是大雄（大熊）；什么时候开始，你成了我的篮球教练，中国女篮要靠你了……

网上说，即使成年后也应该定期给朋友打个电话，问候一下彼此的友情。看到这个我第一个想起了你。联想多年以后或许各奔东西分道扬镳，但我们还可以以信号为线，一样的调侃咒骂，一样的无话不谈。

其实现在这篇文章是之前那篇的一个翻版，我改了又改，写了又写，费尽脑细胞字字斟酌。听说我把你写进文章后你就一直央求我要看这篇文字，我告诉你如果编辑部不要我的文字，你就永远也看不见我的文章，你就摆出一副特痛苦的表情。

我想，写到这里我应该老实交代，其实，纵使文章不发表，我也会找准时机把这些文字送给你的。

还是那些话，也许这些对你而言没有什么新闻，但我希望每一个琐碎的故事都延续下去，追随时间，永远存在。

### 这个世界上唯一的你

　　你喜欢把自己伪装成百科全书,对着完全陌生的汽车标志,和自己同行的伙伴瞎掰哪辆是宝马,哪辆是兰博基尼,哪辆是劳斯莱斯;你对着完全陌生的外国演员,非要扯出一个音节不全的演员名;就连自己一窍不通的娱乐新闻也不肯善罢甘休,总像一个狗仔一样聒噪且浮夸地扮演伪章鱼哥的角色。你这样乏善可陈,而那些都不是你最想要的百科知识,你最想要的是如何才能百毒不侵又能如鱼得水的天赋异禀。

# 你有没有这样的时候

杨西西

在夜深人静的时候，一个人坐在摇椅上，看着温暖的光圈，脑海里却不自觉地浮现某人的脸，明明数理化作业多得要命，却还是静静地看着橘色的灯光，温暖地想着某人，你有没有这样的时候？

在做物理题目时，图像、公式胡乱画了几张草稿纸，你脑海里会浮现某人在书桌上淡定地做作业的脸，想起他曾意气风发地告诉你题目的样子，你可以清晰地数他的睫毛。你明明觉得很幸福，眼泪却滴湿了草稿本。你有没有这样的时候？

你安静地听着音乐，遥望远方的风景。你会突然地调到他最爱听的歌，不厌其烦地听一遍又一遍；你会在听歌的时候想起他，你会故意保持与他一样的习惯。你有没有这样的时候？

你会在QQ好友框上把他单独地分为一组，没有组名。你望着他的灰色头像会惆怅；听到为他专门设置的上线音乐，你会心慌；你会认真地抄下与他的聊天记录，在空闲的时候翻一翻，都会感到无比甜蜜。你有没有这样的时候？

你会故意去看他好友的QQ空间。你知道他为人低调，空间上从来不上传他的照片。当你偶然在他好友的空间里看到他的照片时，你把它们全部上传到你的空间，并设置了仅主人可见。你有没有这样的时候？

你在学校发现了一个男生和他有相似的眉眼，你会激动地追问旁人，他是几班的学生，叫什么名字？你会每天绕一大圈路过那个男生的班级，望着那个男生与他有七分像的侧脸。你有没有这样的时候？

你会故意绕远经过一个露天球场，因为你曾经看到他在那个篮球场上意气风发地投篮。现在你每次路过那里，会死死地盯着一个篮板，脑海里浮现他打篮球的样子，不自觉地扬起嘴角。你有没有这样的时候？

你在英语刊物上看到了一首诗，你会稍微变动，用最棒的斜体英文练了一遍又一遍，然后，找人递给他。收到他龙飞凤舞的英文字条——"Thank you！"你会细心地收起来，到现在都舍不得丢。你有没有这样的时候？

你发誓要好好学习。他上了市里最好的高中，你想和他考同一所大学。你打破原有的生物钟，会在天未亮的时候背文言文，做恼人的数理化；你的黑眼圈越来越大，你的皮肤越来越差；你还剪了一头短得不能再短的短发，心疼却依然微笑。你有没有这样的时候？

因为有着一颗喜欢他的心，
所以，你觉得，
天很蓝，云很白。
咖啡很苦，心很甜。
多苦都会笑着说，
我为你加油！

# 我不好，我还好

起小败

百无聊赖的晚自习。看了会儿数学，看了会儿英语，又看了看政治。烦躁了一会儿，发现自己根本什么都看不进去。1/2约我去操场，我说好。我们以上厕所为由，悄悄地绕过了教室。

操场很静，很黑，我们就这么走着，漫无目的。两个高三的学姐跑过我们身边，一圈又一圈，她们不说话，后来竟听到了她们低微的啜泣声，一阵一阵，幽幽地掠过我的心头。她们终于抱在一起，倒在足球场上放声大哭。我们一直很安静地看着她们，不说一句话。

良久，我说："高三真可怕，我肯定会疯。"

1/2只是笑，后来她说："我想努力了，今天我很认真地听课，写作业。"

我有些无奈，"可我还是老样子，我找不到目标，没有动力，甚至没有希望。"

1/2自顾自地说："我想，最起码和他站在同一高度，远远地看他。"

我不知道该怎样去评论1/2的这段感情，只能再次报以沉默。

她开始说起她的抑郁症，说每次她控制不了自己，就咆哮、大哭、无休止地自残。我忍不住心头一阵难过。1/2带我爬上看台的最高处，我们坐在上面，看着教学楼里一个个苦学的身影。操场很黑，教学楼里一片明亮。我轻轻地摸着自己手上的伤疤，想起自己半途而废的吉他，和自己以为要坚持的音乐。

我跟1/2说："我们以后好好地爱我们的身体吧！"

"我也想。"她说得很淡，然后掏出手机，搂着我的脖子照了张相，我努力地做了个天然呆的表情，闪光灯刺得我睁不开眼。刺耳的下课铃几乎穿透我的耳膜。我说："我们跑回教室吧。"她就牵着我的手开始跑。

我们回到教室。值周班委在讲台上坐着，同学们都在忙着自己的事情，没有人发现我们消失了一节晚自习，也没人来问我们。

我给1/2传了张纸条——"这个世界把我们丢了。"她回我："至少我们还在努力，并没有放弃这个世界。"刚传完纸条，班主任就下来了。她径直走向我的座位，叫我出去。

我们站在教室门口，她问我："上一节晚自习去哪儿了？"我发誓我听到她的质问，心里是高兴的，有些窃喜，至少她发现了我消失了一节晚自习。

我很诚实地回答："去操场逛了逛。"她无奈地摇摇头，这个动作很像我爸，我爸每次对我失望了，总是摇摇头。她并没有很严厉地教训我，而是轻轻地说："我知道你很有想法，但是你那些所谓的想法是和高考相悖的。努力地去做你喜欢的事情，你不喜欢的事，比如学习，你也必须去做，因为你得高考。"

突然很感动，很久没有人跟我说过这么温暖的话了，它们温润地浸入我的心里，滋润着我那即将枯萎的灵魂。我给1/2发了短信："我们一起努力吧！"没有等她回复，我就关了手机，拿出了数学作业。我不是等她的一个答案，事实上她回不回答我，我都该努力了，只是单纯地为我自己。

# 谁拿了我的快递

亚小诗

每次放学后,看到一群同学撅着屁股在校门口找自己的快递时,我就会想,如果有一个人心怀不轨,稍稍花点儿时间背出一个电话号码,就能轻而易举地盗领一个包裹,而包裹里面装着什么,就得看他的手气了,运气好可能是一部土豪金,运气不好,也可能是一条秋裤。

而那个人可以靠着从事此项非法活动发家致富,没有人知道他是谁,但他的名声响彻校内外,令人闻风丧胆。每当有人丢失了包裹,就会自言自语地惊愕地说上一句:"啊,神秘人又出现了。"然后自认倒霉地沮丧回巢,最后,从天而降一个智商爆表的翩翩少年,凭借其个人魅力和蜘蛛网般缜密的逻辑思维一举抓获神秘人,无数淘宝女郎为之倾倒,成为一段校园佳话。这个少年,或许可以是我,耳旁回想着动人的乐曲"勇敢的少年啊,快去创造奇迹……"

念念不忘,必有回响。我终于盼来了这一天,我的快递不见了。

我开始莫名地兴奋起来,一想到自己可以化身福尔摩斯就正义感爆棚。我抑制住内心的喜悦,努力镇定下来,走向快递哥:"你好,有人盗领了我的快递。"

快递哥像风靡亚洲的韩国帅哥一样被小姑娘们团团围住,根本没空搭理我,那就等等吧。

我走到快递堆中,优雅地俯下身,仔细地把包裹挨个儿看了一遍，依旧没有自己的。这位神秘人果然是高智商，他没有拿太大的包裹，因为里面可能是大棉袄，穿在路上容易被人识破，他也没有拿轻飘飘的小包裹，里面除了秋裤还可能是内衣，偷去给女朋友都可能尺寸不合适。包裹三千，他偏偏选中了我那一个，他是聪明的，我的包裹不大，够重，无尺寸，又不会抛头露面。是的，他偷走了我的三斤野核桃。

最近各种考试，智商不够用，我下血本在淘宝上买了些核桃来补脑，可恶的神秘人就是不想让我太聪明，不，他看轻我了，我的智商，不吃核桃也足够把他甩出一条街。不知不觉，我把右手握拳放在了脑门儿前沉思，一会儿就腿麻了。

我站起身，踢踢腿，一瘸一拐地来到快递哥身旁，此刻的他已过了小姑娘簇拥的高峰期，勉强算是清闲。我再次告诉他："你好，我的快递被人盗领了。"

他神情紧张："不会吧？"一看就是深受神秘人困扰。

"来，把你的快递单给我看看，或许我能从中发现一些线索。"我镇定地告诉他。

"喏，都在这儿，你自己翻吧。"顺着快递哥的眼神看去，地上有一个接近电视机大小的盒子，里面散落着一堆乱七八糟的快递单。我只得再次优雅地俯下身翻找起来。

我大约花了半小时的时间，把整个箱子里的快递单翻了两遍，没有我的单子，真的没有。我把情况告诉快递哥，他说要看看我的手机短信，我掏出手机，它很不争气地没电了。我说等我回去充个电就来，快递哥却踏上他帅气的小摩托，说要赶着去下一个快递点，匆匆记下我的联系方式便走了。他注定是风一样的男子，无法因为我忧伤的双眸而停留。

可恶的神秘人，任何线索都没有留下，我的智商受到了侮辱。但我依然有着莫名的喜悦，因为我深刻地明白，任何伟大的人类发现都必然先面临沮丧的境况。

我一边琢磨案情一边回到寝室，打算通过我强大的关系网集结到更多的受害者来成立反神秘人联盟。

　　打开门，我的包裹安然地躺在我的桌上！

　　室友从床帘里慵懒地探出头，"领包裹时看到有你的，顺便带了回来，忘记签单了，也不妨碍吧？"

　　最后知道真相的我眼泪流下来，没有神秘人，生活真是无趣。

# 这个世界上唯一的你

芭 霓

## 1

那时还不懂几何函数动量守恒氢氧化钠东非大裂谷苏格拉底。那时候只要在院子里荡荡秋千，跳跳房子，捉捉迷藏，时间就会很乖巧地往前溜，然后等到黄昏时候听妈妈的一声吆喝"丫丫，吃饭了"就和伙伴告别，说明天在哪里玩，屁颠屁颠地跑回家，在路上还可以期待着今晚煮的是糖醋排骨还是红烧排骨；那时还不用塞一个耳机啃一个苹果怕在人群里多余。

那时候总是成群结伴一颗糖果掰成两半比赛谁含得久，然后第二天起来会觉得牙床的上颚难受得说不出话来；那时候还不用一个人睡一间很大的房间，努力地用自己的热量暖和被窝，那时候可以抱着一个枕头，站在妈妈的房间门口装可怜撒撒娇，然后妈妈就会说："快来妈妈这里。"当冰凉的双脚蹭到妈妈暖和的被窝里时，总被宠溺地骂："怎么这么凉！"

只是因为那时候你还小。可是你总不能一直这样装小孩儿，这样装一辈子，等待别人给你宠溺给你陪伴给你安全感。

所以那时候不用做的很多事，你都要开始学着做。你要学着记住爱的人的生日,你要学会在乎他们关心他们保护他们;你要学着洗很大件的羽绒服,因为总有一天你要远行,总有一天你要一个人住在一间没有洗衣机的房子里,打拼自己的未来;你要学着一个人逛街给自己买衣服,因为你总要弄懂自己喜欢的是什么,自己适合的是什么,你才会明白做自己是多么幸福的事情。

只是因为你不能拒绝长大。

2

当初你手冰冷。

你知道总有一天命运会对你严刑逼供,它跟你说:"你最爱的人将要走到生命的尽头。"然后在你高二那年,陪你长大的奶奶便悄无声息地走了,没来得及见你最后一面,那时你的手中还抱着第二天要交的英语报,你在深秋的夜里,不断流泪不断流泪,深夜的风刺骨地嘲笑你的无知。

然后命运问:"你的世界坍塌了吧?"你的回答永远让命运失望。你更加努力地读书,把最是克星的物理的成绩提高,学会接受她不在的事实,让自己的世界艳阳高挂。

当初尘土飞扬。

你满校园地狂跑。所有的考生都端坐在教室里,安心地答卷。你却像脱缰的马一样,一边飙着泪,一边捂着嘴,念叨着准考证。是的,今天是六月七日,所有高三学子都在教室里沙沙写字,唯有你像白痴一样,弄丢了准考证。你花了五分钟跑遍了校园角落,像只无头苍蝇。然后虚脱地爬上五楼,求监考老师放你进去,你用几近呜咽的声音,颤抖地说:"让我进去吧。"

然后命运问你:"你的未来没戏了吧?"你的诚心感动了监考老师,她让你进考场,同考场的同学给你送来笔和橡皮擦。最后你考完了你的高考,满心的感恩。

有一天，命运会千里迢迢地来到你的面前，对你严刑逼供。但是请千万不要为此而画押。

## 3

你有没有想过海绵宝宝没了派大星和小蜗，还可不可以那样简单地笑？

你有没有想过柯南再也变不回工藤新一，那样灰原哀就可以和柯南在一起，毛利兰也可以和怪盗基德在一起，这样会不会好一点儿？

你有没有想过哆啦A梦要是没有了口袋，野比大雄会不会继续和它相亲相爱？

那时候你总看漫画动画，然后喝红茶奶茶；那时候你总和自己的父母打游击战，在自己的房门口系上一个小铃铛来逃避他们来势汹汹的突击检查；你的好多本漫画书封面都张冠李戴上了九年义务教育的白色书皮，你的抽屉里放满了贴着英语听力磁带的靡靡之音……

喜欢和习惯本来就像象形字，一不小心就弄混了。

所以如今，你依旧分不清自己是喜欢还是习惯一个人。

## 4

你喜欢把自己伪装成百科全书，对着完全陌生的汽车标志，和自己同行的伙伴瞎掰哪辆是宝马，哪辆是兰博基尼，哪辆是劳斯莱斯；你对着完全陌生的外国演员，非要扯出一个音节不全的演员名；就连自己一窍不通的娱乐新闻也不肯善罢甘休，总像一个狗仔一样聒噪且浮夸地扮演伪章鱼哥的角色。你这样乏善可陈，而那些都不是你最想要的百科知识，你最想要的是如何才能百毒不侵又能如鱼得水的天赋异禀。你不知道，该怎样才能八面玲珑，才能让自己变成一个被别人喜欢的善良人。所以你开始像撒谎的匹诺曹，看着鼻子一点儿一点儿地变长，也改不了胡吹的习惯。你奋不顾身义无反顾地想要和现实拼个你死我活。可真正的百毒不侵，真正的如鱼得水，这些都只要你做回最舒服的自己。

所以，

你永远都是这个世界上唯一的你。

那个和朋友掏心掏肺以美好的姿态活下去的你。

那个等待恋人相濡以沫以天真的姿态活下去的你。

那个陪家人享天伦之乐以健康的姿态活下去的你。

那个你，是无人可以替代的你，就是这个世界上唯一的你。

# 如今不过寻常事

冯 瑜

写诗歌鉴赏时，恰好瞧见纳兰性德的一首词《浣溪沙·谁念西风独自凉》，其中那句"当时只道是寻常"看罢不禁微笑，每件事的进行时态往往都是寻常之事，一旦沉思往事，方惊觉那寻常之事却成了不寻常的思念。

我想，很久之后，我的高三也是如此吧。只是如今身在其中，一切都是寻常。

我想谈谈学习，可惜我不是好学生，给不了众人任何建议。我不想说高三有多累，因为习惯之后其实也还好。我想说一点儿发生在高三的开心事，可是开心的事不是很多，等多点儿的时候再说才有意思。也许传说中的兵荒马乱值得说一两句，可是我比较迟钝，对这事不太在意，而我知道，如果我一旦在意，兵会更荒，马会更乱。

于是，我只能说说我自己的生活——和很多很多高三学子相似又带着几分差异的生活。

## 若问闲情能几许

我的闲情不是几许，而是很多。

我喜欢看书，看和学习没多大关系的书——这是恶疾，到了高三也没改掉，如果我用看课外书的时间来学数学，我的数学就不会考这么点儿分。有时候我会反问自己，如果高考考得不好，会不会责备自己当初天天看课外书？这个问题我想了很久，从高一想到高三。最后得出了答案：不会。

我曾经想过放弃一些东西，比如写文章。钱锺书曾经说过："我们把自己的写作冲动误认为是自己的写作才能，自以为要写就意味着会写。"我毕竟年少，多少有些傻气，有些冲动，有些莽撞，心里自然是愿意用一生书写属于我的字句，只是不知何时会像很多人那样，某一天悄然放手，但我从来没有想过要放弃阅读。我是个孤独的人，我的朋友不多，能够真正和我说上几句话的人更少，我没什么爱好，更没什么特长，只是喜欢读书，因为这样就可以自个儿待上一整天。

有时候我不看书，就不确定自己是活着还是死掉了，每天对着一堆习题毕竟不是什么好受的活。有人对我说："你怎么还看课外书啊？"我当时突然就来气了："要你管！"

罗曼·罗兰对茨威格说过："它（艺术）可以给我们、我们个别的人以慰藉，但它对于现实却是无能为力的。"我也许就是那个别的人中的一员。我需要叔本华的《人生的智慧》，需要听听查拉图斯特拉是怎么说的，需要钱锺书和杨绛，需要看看勒克莱齐奥笔下的逃离与自由……没有他们的慰藉，生活就不再是生活了，也许夸张了，不过又有什么关系呢？文字包容夸张。

不要为我担心或者着急，我理解罗曼·罗兰后半句话的意思。安慰只需一点儿和一会儿的工夫就足够了，现在的我在沙滩上行走，风和海浪会淹没我的脚印，但我依然选择前行，我要走到海的怀中，让大海与我融为一体；我要走到太阳升起的地方，让最初的曙光印在我的眸子里。

## 行到水穷处，坐看云起时

喜欢王维，因为他的为人和他的四句诗。

诗句分别是"明月松间照，清泉石上流"和"行到水穷处，坐看云起时"。前两句不用解释也明其意，后句无法解释，原因是我看懂表面之意，却不知道其中之奥妙。所谓年轻，大概就是这样，容颜再好，脑子却不太好使。那些与生活经验同在的情感少之又少。

于是，课本上的很多东西也无法理解。

我能够背诵默写古诗词，却常常不能深切领悟其真谛。我能够默写辩证唯物主义，却没看过《资本论》，理解不了马克思——别误会，我不是在批评中国教育，不过是我自己比较笨而已，不能怪制度。如今这都是寻常事，总有一天我会去看《资本论》，总有一天我会明白古人给后人留下的精神财富。

学习不是为了分数，但是为了分数而学习并没错——对于高三是这样的，不管理解不理解，拿到分就行。而毕业不意味着学业结束，但结束学业总得毕业吧。

## 江山如此多娇

生活那般精彩，有的老师要求我们专心只读圣贤书，有的老师要求我们关心社会，我们在如此多娇的江山里左右为难。

还是朱自清说得对——热闹是他们的，我什么也没有。

作为高三学生的我，也许真的是什么也没有。但有时候还是会忍不住去和爸爸一起看会儿新闻，也只有看新闻的时候，他才不会赶我走。有时候会在作文里引用一下时事新闻，证明自己没白看那么多的新闻。

其实更多时候只想瞄一下电视机。很久以前电视剧对我的吸引力就不大了，新闻倒显得好看得多。小时候觉得看新闻是老人家的活动，看来年轻的我也在渐渐老去。

不过，只有在看新闻的时候，我才能真切地感受到，世界并不是只有我们这群高三学生，有人拿最低的工资干最重最脏的活，有人面对天灾有人面对人祸，而我们不过是面对几张试卷几份习题。

任何国家都不完美，我们的国家当然也是，它的很多陋习需要一些人给她改掉，我希望我能成为这一些人中的一员。人生匆匆几十载，总不能只污染环境而不做些贡献吧？那样也太缺德了。

# 青春故事汇

*浅步调*

## 1

小A不是戴眼镜什么问题都能解决的万能学长,不是隔壁班会三步上篮会弹吉他唱周杰伦的大帅哥,也不是后座虽然痞气却单纯天真像孩子一样的男生,可是丹丹就是喜欢他,没有道理。丹丹最喜欢的冰淇淋牌子叫巧乐兹,因为它的广告是:喜欢你,没道理。

丹丹的喜欢不着痕迹,全部都埋在心里埋在日记里,心里的情绪聚积多了,而后就找到了文字这个出口,丹丹成了班里小有名气的才女。有一天,杂志社寄来了样刊,是小A从收发室帮忙带过来的。小A赖皮,站在丹丹旁边不走,非要看着丹丹拆开信封,非要看看作为样刊的杂志跟自己从报亭里买的杂志有什么不一样。可是,丹丹拿出杂志之后,小A却惊异地说了一句:"这是什么杂志呀?怎么从来没见过?"

丹丹从初一到初三,再从高一到高三,看着身边的同学欢乐悲喜,起起伏伏。毕业的时候,丹丹内心出奇的平静,因为她的青春有小A,还有铅字书写的记录。

暑假热闹的KTV里,小A从包里取出塑料纸袋,在《后来》的歌声中特别大声地喊:"听说杂志在征集收集最全最多的刊号,我全都剪下来了，寄过去的话会有机会获奖哦。"丹丹好像听清楚了，好像也没有全部听清楚。因为被压低的刘若英配唱在唱："后来，我总算学会了如何去爱……"

## 2

"数学老师果真是跟我杠上了。"张健生气地摔打着数学课本。到底要怎样？我数学就是学不会怎么了，你犯得着每节课都点我名字，做不对题还罚站十分钟吗？有必要我打个瞌睡还劳烦老师您大驾光临到我桌子前揪我耳朵吗？拜托，我也是半个成年人了，给些自由好不好？张健很恼，不明白为什么数学老师就认定了自己是那种聪明却不爱学习的学生。明明自己已经很努力了，可是成绩上不去，能怎样？不是说努力就有回报，努力就要被认可吗？数学老师，你连最起码的尊重都不知道。这节数学课，老师戳中了张健的最痛处。老师说："张健，你这样下去，别说一流大学，三流大学都不要你！"

张健反抗了，他把凳子往后一推，巨大的声响让老师同学的目光都聚焦在了他的身上。张健特别理直气壮地说："干吗！我去厕所还不行啊！"结果数学老师说错了，张健最后去了一流大学。教师节那天他在网上看到了记录最难忘的老师的帖子，张健脑海里蹦出的第一个老师也是唯一的老师就是数学老师。时间果然是个测量人心的最好标尺。忠言逆耳，跟溺爱一样，都是疼爱的特殊表现。

## 3

"80后""90后""95后"有什么差别？心态信仰观念都是浮云，有血缘关系的兄弟姐妹越来越少才是最大的悲哀，段莹最羡慕爸妈的地方就是可以有兄弟姐妹。可是，神奇的是，刘楠也这么觉得，陈昊同意，管静赞许，众人都这么想。所以，大家比从前更需要爱，更需要友谊的滋润和灌溉。你喜欢看韩剧，我恰巧最近喜欢李胜基。听说你最近长肉了，我也不敢站在体重秤上。后天月考没复习，我们一起裸考。大学什么样子，我们牵着手闭着眼睛想了很多想了很久，大概是没有很多课、没有很多考试、有很帅气的学长、有知识丰富的老师的地方吧。

可是，嘿，亲爱的朋友，我们都忘记了，大学身边也许就没有了你，一起陪伴成长的路程，洋洋洒洒，织成了一个叫作青春的网，我们在上面懒洋洋地晒太阳，及时珍惜，及时感恩。

# 没伞的孩子必须努力奔跑

苏潼遥

十六岁的第一天，手机铃声响个不停。于是刘若英的声音很自然地飘进耳朵里。响了一整天的，刘若英的《继续给十五岁的自己》。

## 1

十五岁的你，初三。

中考是所有初三学生的信仰。你把这一点发挥得淋漓尽致。

以前的你，很自在很随心。你可以在做题做到烦闷的时候把笔一丢，塞上耳机；你可以每天根据自己的状态决定早一点儿睡觉抑或晚一点儿起床。现在，别人口中再简单不过的题目，你演算了一遍又一遍，却发现除了草稿纸上的一片狼藉便再无其他。你叹了口气，笔很自然地轻轻从你手中滑落回到属于它的角落。你无力地趴在书堆上——你的书桌，没有可以被清空的地方。一个又一个深夜，你看一眼早已没有万家灯火的小城，灌大杯大杯的咖啡，轻拍自己的脸说加油。在那之后离开中考的某天，你从最底层的抽屉里清理出装过咖啡的盒子，轻笑。大片大片的时光，竟在满满一抽屉的咖啡中消磨殆尽。

三天，七科的考试。最后一科的监考老师收上了你的试卷时，你忽然无法想象，这一仗打得多么惨烈。走出考场，你扯出一个大无畏的微笑，眼底却波光粼粼。

知道成绩后你们所有人聚到了一起。在KTV的包厢里，你唱《死了都要爱》，唱得声嘶力竭，直到喉咙像被火烧一样，发不出任何声音。一如这场你拼了命的战役，到了最后，胜利也只是默无声息。

## 2

十五岁的你，周身棱角。

你的前桌是一个很好的男生。

他会和你吵架，可是在你感冒的时候会给你打来热水；会骂你笨，可是仍然会给你细细讲题；他会和你冷战，可是每次都会递来一支棒棒糖和解……

盛夏的季节，你莫名烦躁。你和他吵了一架，只是小事，却都倔强地不肯低头。

自习课上你看着窗外的凤凰树发呆，小宁凑过来，对你说："现在是五月，初中没有多久了。那个被你捉着去逛街、陪你翘课、帮你补课，那个准备陪你一辈子的兄弟，你不要了吗？"你的眼睛看向远方。怎么可能不要了？

你独自站在九曲桥上，若有所思。他的声音在你的身后响起："那个，你真的就打算不理我了吗？"你微微一愣，转身。他显得有点儿不自在，眼睛看向桥下莲花。你笑，接着又红了眼眶："我还以为你不理我了。我还以为你再也不理我了。"他听见你带着哭腔的声音，忙说道："好了，我错了，我不该和你斗气。"

盛夏的阳光打在你们的身上，那么温暖。多少年后，你再看那幅被小宁用她的相机记录下来的画面，仍会嘴角泛笑。

中考后，你们站在初中的尾巴上，他给了你一个华丽丽的拥抱。

## 3

  十五岁，你的青春没有失败。

  你房间的角落里堆放着一沓又一沓的试卷，无法统计你在其中所费的心神。那些不眠的夜里，你独自一人握着笔，一遍一遍地计算。那些早起的清晨，你塞着耳塞，一次又一次地听着英语朗读。

  那是你跟自己的赌约，你从不甘心失败。

  你说，没伞的孩子必须拼命地奔跑。

  你的不服输，所有人都看在眼里。你的数学，你的化学，你的物理，你的英语……你的每一科，你都在玩命地学。老师开始把更多的目光放到你的身上，同学开始会向你提问一些老师口中很不简单的题目。你所做的每一道习题，都成了你不可多得的养分。你一向不屑用牺牲睡眠时间作为超越别人的工具，可是你确实这样做了。

  那个下雨的午后，你在躲雨的屋檐下跑出来，不顾身后他人的目光，不顾头上砸下来的雨滴，不顾地上溅起的水花。或许从那时起，你就下定了决心要拼命奔跑。毕竟，未来这条路，并没有退路。

## 4

  十五岁的自己，谢谢你，在那么美好的年华里学习爱与被爱。

  十五岁，那么干净而纯粹的岁月，会被一直铭记。

  十五岁，你喜欢过一些人，也被一些人喜欢着。那些心情，终究会遗失在匆匆流年中。而你会一直铭记那份喜欢与被喜欢的心情。

  十五岁，那么多人陪你走过。所以你从来没有抱怨，你还能那么幸福地一路有人相伴。

  请你以后的路，好好走，不要辜负那个十五岁的干净的自己。

## 24K 纯爷们儿的女生

　　那份念想在欢快的动画片主题曲中淡化了，春色下的花骨朵儿还没来得及绽放就被我掐死了。偶尔还是会习惯性地想起他，但痛轻了。别笑我花痴也别说我奇葩，我想我会继续大大咧咧地走下去，拒绝思春，做一枚疯疯癫癫风风火火傻里傻气24K纯爷们儿的女生。

　　总是感慨难过于时机不济的你不妨把一切都放一放，把烦恼抛脑后，腾出空间让快乐挤进来，做个乐天派的女汉子吧！

# 24K 纯爷们儿的女生

小 漾

期末，分科，联考，分班，补课，这些不速之客是彻底把我的生活搞乱了。我顶着涨得发疼的头麻木地应对着这一桩又一桩不请自来的客人，默默地和要好的同学道了别，带着自己的痕迹离开了这个混迹了大半年的班级，去一个全新的集体面对全新的面孔，心里的那份不舍岂止是打翻了五个调料瓶啊！哦对了，更让我心痛不已的是一份无始即终的小心情。

事情是这样开始的——一个和我关系特别好的哥们儿阴错阳差地喜欢上了我这个特别爷们儿的女生。于是"悲剧"开始上演，各式各样的哆啦A梦、糖葫芦、水晶之恋、纸飞机、纸玫瑰、面包、火腿、薯片、方便面登上舞台。欲问这是哪出？哆啦A梦是我最喜欢的动漫人物，所以各式各样的哆啦A梦这条自然不必解释，纸做的是传递话语的工具，剩下的好吃的当然是为了满足我的味蕾了。我吸着果冻问他为什么喜欢我，他反问回来："你为什么让我喜欢上你？"我顿时无语，估计又是哪一个眼神哪一个动作哪一抹笑亮瞎了他的眼，于是就开始无可救药了。

想征服我哪有那么容易。反正不管他怎么说，我就一个字：不！要问原因也简单：高中不想谈恋爱。

他说："那好，我等你高中毕业。"

是的，姑娘我思春了。自从他喜欢我开始我就奋不顾身地加倍对他好，毕竟是哥们儿，也不能亏欠人家感情。放假我背着硕大的书包告别了这个让我寄身半个年头的班级和将要继续留在这个班级的他，回到家迎接我的就是愈演愈烈的思念。不得相见却偏偏想念，听着伤感的歌，思绪就往里陷，这种感觉真的不好，所以我把所有情歌都戒掉，专挑动画片主题曲听。

遥想当年姑娘我情窦开得早，初一的时候就认认真真地喜欢上了我们班一位姓郝的同学。然而小郝同学也不是个省油的灯，人家心里住着别人，每天吃完饭就站在班门口"伫倚危楼风细细"。那时候，我真的是兴奋过、惆怅过、高兴过、泪奔过……不过打死你们也想不到的是，当小郝同学带着他失恋后那颗伤痕累累的心来找我时，我一挑眉道："我现在不喜欢你了！"

还没彻底懂爱之前，我们爱的只是自己的爱恋心情，却从来不是某个人，那个幸运的人只不过是你那份心情的替罪羊。

还好，当一年半后我发觉他已经影响到我的学习了，我就放弃了。没有了那层异样的隔膜之后，仿佛我俩走得更近了，直到现在我们还是很谈得来的好朋友。

从那以后，我便在女汉子这条路上越走越远。身边换了不同的人，那份心情也有了不同的寄托者，并随环境的改变而改变着。而现在我把这份情愫投在了这个喜欢我的哥们儿身上，但我不煽情也不答应他，我静静地享受着这份美好，希望平静的心情不要呼叫转移。

那份念想在欢快的动画片主题曲中淡化了，春色下的花骨朵儿还没来得及绽放就被我掐死了。偶尔还是会习惯性地想起他，但痛轻了。别笑我花痴也别说我奇葩，我想我会继续大大咧咧地走下去，拒绝思春，做一枚疯疯癫癫风风火火傻里傻气24K纯爷们儿的女生。

姑娘，如果你正在进行时，我祝福你勇敢地走下去；如果你还在一味地单相思，迷了路甚至迷茫时，那么请你跟我一起默念十遍："姑娘请你别思春呀！别！思！春！"

爱恋只是一种心情，一种抑制不住让小鹿撞墙的心情。总是感慨难过于时机不济的你不妨把一切都放一放，把烦恼抛脑后，腾出空间让快乐挤进来，做个乐天派的女汉子吧！

你看我都做得到！

# 我多想你在这里

许如果

"咚咚……"烦人的敲门声把我吵醒,伸手拿来枕旁的闹钟,四点半。噩梦啊,又来。我穿上衣服,下床去给那个搅我美梦的家伙开门。打开门,我刚准备说他扰民,他却先开口说:"你是属乌龟的吗,我都等了快二十分钟了。看这头发乱的,赶紧洗漱去,还得晨跑呢。"

算你狠。胡乱洗了把脸就跟他出门了。

天亮了,太阳还没升起。深呼吸,清新中带着丝丝凉意。操场上零星有附近的居民在晨练,单双杠旁是体育生在热身。对于我们这么早来操场,没有人感到好奇,我已经陪着这个家伙跑了快三年的晨跑了,人家都认识我们了啊……他依旧跟兔子似的蹿出去了,简直是冲刺,哪里是晨跑。我是把晨跑演绎得绝对正确,速度堪比蜗牛。晨练的大爷都追上我了,跑在我前面几步缓缓开口:"丫头又跟小男友晨练啊?"我无语,当我准备第N次解释时,一道人影闪过来,"是呀,大爷我们先走了。"说完冲我露出标准八颗牙齿的笑容。天知道我多想把他的牙全拔下来拿来许愿。我抬脚踹他,这家伙一个闪身躲开了,"好了,开个玩笑嘛。走啦,吃早饭去。"我瞪他一眼,"哼,看在早饭的分儿上饶了你。"大清早被他奴役来晨跑,唯一的福利就是有免费早饭吃,我是无产阶级啊。他走向煎饼摊,"两份紫米,一份不加辣玉米肠,另一份随便。"还算他有良心,知道我喜欢的口味。

晨读，我习惯性地打瞌睡，前座的他转过头来说："看见嵩哥昨晚发的微博了吗？"我顿时清醒，摇头，追问他发了什么。他轻哼一声，说："先上好晨读，下课告诉你。"我无奈地拿起英语书，叽里呱啦地念课文。好不容易熬到下课，我一手拍上他的肩膀，问他答案。他转过身，露出笑容，说实话笑容是很阳光帅气，可是在我眼里却是另一层意义——奸笑。果不其然，他说所谓的新微博，只是为了让我别睡觉而编造的。我晕，这个浑蛋，我困啊，周公对不起啊。我愤怒又哀怨地骂着，他一脸平静地转身，然后笑得趴在桌子上。神啊，我愿用一年的桃花换这个妖孽被收服啊……

数学课，他递过来一杯咖啡，"喝杯咖啡吧。"听他这样说我忽然想到了韩寒为雀巢代言的那个广告，说了句"好帅"。他弹我的头说："我帅用你说啊，上课别睡觉啊！"呸，臭屁自恋狂。好苦，黑咖啡还不加糖，小气死算了。

课间，班里贴出了考试排名。我站在重叠的人群之外，踮脚奋力张望，从顶端向下走好久才看到我的名字。我失落地回到座位，前座在聒噪："数学好难，才考110。"我趴在桌上，忍着不哭，可泪水还是湿了衣袖。他似乎听见我的啜泣声，转身问我："你在哭吗？"我没理他，他放下一包纸巾又转回身了。想着排名表上他高居榜首而我距离他那么远，眼泪更加汹涌。

下午跟老班打电话说胃疼请假在家，无聊地出了门。走在街上，阳光很好，打在身上带着丝丝暖意。可我的心里却在飘雪，一寸一寸地冰冻我的心脏。

我拐进一条巷子，进了网吧。人很少，我开了电脑，登录QQ，打开微博，"不是每个黄小仙都会遇见一个愿意陪她的王小贱。"配图是电影的尾声。我找来电影看，虽然看过，可是却莫名地想再看一遍。看到结尾王小贱说"我陪着你呢"，黄小仙笑了，我也笑了，下一秒泪水却流出来了。我慌忙关掉电脑离开了网吧。手机震动，短信："你死哪儿去了，怎么没来上课？"我关了手机。沿着街走，也不知道要去哪里。

街上人来人往，那么热闹。我想起朱自清的那句话，"热闹是他们的，我什么也没有"。我又何尝不是，孤零零的一个人，没有热闹可言。走着走着发现走到了广场，我不开心就喜欢来这里，七点多的时候广场中心的喷泉就会开启，坐在池子的边缘有水雾氤氲到身上，很舒服。

喷泉开启的时候，我闭上眼听着水声。我睁开眼，看见了他，冷冷地说道："你是来看我笑话的吗，第一名？"他顿了顿说："喷泉真美，怪不得你这么喜欢。我找不到你，想着你可能在这里，真被我找到了。"我没说话，看着喷泉发呆。他问我饿不饿，我摇头，可肚子却抗议地叫嚷。他走进旁边的便利店买来好多吃的，他递过来一个面包，我接过，撕开包装纸狠狠地咬了一口。我吃着吃着，眼泪就汹涌地流下来，我倚在水池边，指着他就骂："许铭澈你这个浑蛋，干吗学习那么好，你知不知道我跟你站在一起心里有多难过？"他被我骂得愣了一下神儿，然后说："唐颜，对不起。我不知道你会这样想。"我听见他这样说更难受了，"对不起个鬼啊，我是自卑成绩，可你知不知道我更多的是害怕。"

我看着他黑色的眼眸里写满了疑惑，接着说："你知不知道我每次看到你是第一名而我却离你那么远心里有多难过。我害怕你会离开我，倒计时牌每翻过一页我都觉得你离我又远了一步，害怕以后你去了远方的大学，而我却没有资格和你一起走。我害怕以后一个人，一个人晨跑，一个人吃早饭，一个人回家，一个人……"我哭得说不出清晰的字句。他弱弱地说："我不知道你会害怕这个，我……"

"你知道什么，你什么都不知道。"我嚷完这句话再也没有力气跟他说什么了。沉默，漫长的寂静，我低低的哭泣声在夜色里显得那么突兀。

良久，他说："唐颜，我会帮你的，我们会去同一所大学的。"

我看着他认真的模样，带着哭腔问他："我，可以吗？"

他自信地拍拍胸脯说:"当然了,别忘了我可是第一名啊。"

"哼,又自恋。"我这样说着,嘴角却牵起弧度。

回家的路上,"那个,你是不是喜欢我?"听见他声若蚊蚋的这句话我扑哧笑出来,说:"你脑子坏掉了,我心里只有许嵩一个人。你滚远点儿。"

他挠挠头说:"唐颜,你不喜欢我,那我就放心了。要知道,被你这样的怪咖喜欢很丢人的。"

"什么?臭小子你别跑!"夜幕下,我们正上演一幕追逃大戏。

某个课间,许铭澈扭过头,深情地说了句"我陪着你呢"。我一愣,忘记了怎么回。他笑了,说:"你不会感动了吧?我只是暂时先陪着你,等哪天你有男朋友了我一定谢谢他把你这个妖孽给降了。"我破天荒地没打他,而是说:"许铭澈,谢谢你待我这么好。"他没料到我会这样说,扯扯嘴角转回身去了。

我是沈唐颜,许铭澈是我的竹马。我们存在彼此的世界里那么多年,熟知对方的每一次喜怒忧思,可我们却是友达以上,恋人未满。

每个女孩儿的青春里都会有这样一个男生吧。你们亲密无间,共历岁月,甚至被无数次误会为是恋人。可是只有你们知道,你们可以一起疯,一起拼,一起成长,唯独不能在一起。不是所有的男生女生都会成为恋人,时间培育出的也可能是友情,是比爱情还要珍贵的友情。

我的竹马许铭澈,谢谢你恰好在这里。

# 相遇在这好时节

雅 尼

没想过会再见到你，也没想过因为你远远的一嗓子，整个喧闹的大街都静了下来。你还是那样阳光帅气，立在那里，不羁的笑依然那样清晰。你长了张乖宝宝的脸，笑起来的时候眼睛弯得像月牙儿，黑得很纯粹的眼珠像琥珀。

我突然觉得自己不够瘦，个子没长高，于是慌张起来。

你于我，就有这样的功能。

我知道，这样青涩的年纪只能谈一场青涩的恋爱。班主任很严格，班上已经有很多对藏得很深的情侣被揪出来，每个人都草木皆兵、谈虎色变。我，老师眼中的好学生，也没想过你居然会在这个关头，撂下那样一句轻轻的话，在我平静无波的心上砸下一个惊雷。

鬼使神差的，我还答应你了。人有时候就是这样禁不住诱惑，特别是被明令禁止的诱惑。可我至今还觉得，我们之间的这场恋爱是很美好的，即使，我们只是假借情侣的名义，做起了好哥们儿。

说到这个，还记得你抱怨你妈妈从小把你当女孩儿养，搞得你潜意识里更喜欢和女孩子玩，长大了又怕男生嘲笑。想起你那时窘迫的表情，我还是忍不住和当时一样笑得停不下来。你就无奈地自嘲："本来是找你诉苦来着，没想到多了个人笑我。"

"哦，抱歉。"我好不容易停住笑，脸上却没有半点儿愧疚之色。

你长臂一展，钩住我的脖子，"走，请你吃冰淇淋。"

你喜欢各类甜点，面对精致的奶油就迈不开步子，经常到各地搜刮各色独特美味的甜品点心，我作为你名义上的女朋友，就有了沾光的福利。每当看到你吃蛋糕眯起眼，满足地笑起来的傻乎乎样子，我就会真心地觉得，能陪在你身边看见你孩子气的一面而不是平时面无表情冷漠的样子，真是件幸福的事情。所以我旅游时也会从各地快递甜点给你。这个时候，你在QQ上亲亲热热叫出来的"亲爱的"我想那才是真的。

也问过你，为什么你明明成绩什么的都好，在学校或者在别人面前就是一副不开心和难以接近的样子，还有，为什么选择我来当你名义上的女朋友？

你说你也不知道，虽然没把我真的当女朋友，却真的很喜欢我，这种喜欢很纯粹，就是想和我一起逛街一起玩，想把好吃好喝的介绍给我，希望我也喜欢你喜欢的东西。呵呵，你就像个孩子。

我也很开心，我们会在茫茫人海相遇，会彼此喜欢，可以在对方面前毫无戒备。很多人寻觅了一辈子也不一定能找到心灵上彼此契合的另一半，而我们，早早相识、相熟，分担彼此。

不过，我也在渐渐害怕与慌张，这一点也许是你至今不曾察觉的。因为，也许你仍然很纯粹地喜欢着我，我却发现我有那么一点儿违背了初衷，对你的喜欢，掺了那么一点儿不再纯粹的东西，这怎么能让我不害怕呢？这也许会让你看轻我。

所以我不得不借着高考这个机会，在知道你想报考的学校后，义无反顾地选择了离你很远的城市，也一直不肯告诉你我报的学校。最后我们都如愿进入了之前选好的大学。

你的眼睛瞪得很大，你激动又不可置信地说："你居然喜欢那所大学，怎么从来没听你说过？"我只有笑，然后戴好喜悦的面具拍你的肩膀："走吧，请你吃巧克力慕斯。"

我当然不喜欢那所大学，我多想和你上同一所大学，让你继续保护我，继续在我面前变得阳光而纯粹开心。

可是我不知道你会不会在大学找到真正的女朋友，你的性格那么不可思议，谁知道你会不会就像找到我这个朋友一样又找到了你的女友。我不愿意看见那样的一天，所以我选择退出你的世界，哪怕，我那么那么喜欢你的世界以及你我组成的世界。你是这样优秀，你会模糊我的世界观吧，也许我的眼光已经很高了，以后很难找到属于我的另一半呢。呵呵。

我用各种不可思议的借口和理由搪塞你的邀请，很神奇，两年了，我们都没见过一面。但我总会想起你。可就是这样，我也照常学习，生活，过得好好的，所以我更坚信你会过得比我还好。

可是没想到，你不声不响地来到这个城市，不声不响地找我，大大咧咧如你，也觉察到我的刻意疏远了吧？可是你什么也不问。你知道吗，就是这些你自己都不曾察觉的细节让我很喜欢很喜欢你，喜欢到一想到不能陪在你身边就要哭出来。

我还在发呆，你已经大步流星地穿过人海向我走过来，像骑士一样。我的鼻子很酸。

你小声说："其实我想，你就是我的女朋友了，这一生，我最好的朋友和女朋友都是你，你就别躲我了，别离开我。"

我的眼泪终于涌出来，你的话就好像对我心灵的救赎，一直折磨我的心结终于打开。

我可以在今后的日子里，和你一起去看考拉，到撒哈拉看漫天狂沙，和你一起玩情侣蹦极，一起看朝阳透过梧桐叶，一起看碧蓝无垠总也看不厌的大海，和你走到天涯海角，只要和你在一起，什么平凡琐事对我都有无与伦比的吸引力。

盛世年华，有你陪伴才算不虚此生。

# 陪我一起傻的你们

Candy

### 爱一个人如何厮守到老

苏芳然是我认识最久的一个朋友了。因为父母认识的关系，我俩从小就厮混在一起。但我们的性格却截然不同，她外向，而我内向；她善于交际，而我却常常在生人面前紧张到不知所措；她朋友多，而我交际圈却很小。你看，我们真的是不同的吧。

那么，是怎么成为好朋友的呢？

只是喜欢和她在一起的感觉，会忘记很多忧愁。在她身旁的我常会傻笑，然后她无奈地朝我吼叫我别犯傻啦。体育课她任性地让我给她系鞋带，我皱着眉头让她把脚抬高点儿，再抬高点儿，然后乖乖地帮她系。有细碎的阳光从我的指缝间、她的帆布鞋带间悄悄穿过，留下柔柔的温暖。抬头间，撞上她些许得意的坏笑，于是我也咧嘴朝她笑。头顶纯粹的蓝天上有飞机划过的痕迹。

也会有争吵。

跟她闹得最僵的那个晚上，我在QQ上对Kim说我再也不要理她了，可一下秒她哭着给我打来的电话却让我手足无措，她哭着问我的QQ空间里那篇日志是不是为她写的。我只是淡淡地说哦，那是瞎写的。挂上电话后马上删掉了那篇日志，我能想象出她满脸泪水的样子呢。

很久以后我们才和好，然后是漫长的暑假。我去补习物理，以往我们都是一起补习的。可那天并没有看到她，心里微微有点儿失落。但第二天，却出乎意料地看到她来了，于是我很激动地让她到我旁边坐。呃，其实不想表露得那么开心呢，可是反应过来的时候，嘴角已经咧成一个夸张的弧度了。

不知她还记不记得我们去海边的那个晚上。我俩坐在沙滩上，听着海浪声，扯天谈地。我们玩真心话大冒险，我玩游戏都会很衰，总是输。我选的大冒险，于是她让我跟沙滩上一个穿绿衣服正在低头玩手机的男生告白。我大骂她没义气，然后不得不幽幽地跑去跟那位同学说"我喜欢你"。男生先是有些惊讶，然后看到我背后坏笑的她后咧嘴笑了，露出白森森的牙齿："哟，玩游戏呢？"

我大声地给她唱《新不了情》，走音走得厉害，她也不介意。

## 喜欢足球的女人是极品

然后是林语音，我们的共同爱好太多太多。我俩都喜欢安东尼，喜欢Jason Mraz，喜欢Coldplay，喜欢Owl City和Tamas Wells，喜欢五月天和飞儿，还有球赛。她喜欢有范佩西的阿森纳，我喜欢有C罗的皇家马德里。

我和她一起蹲在沙发上看阿森纳和曼联。她很喜欢阿森纳。那场比赛，她一直在沙发上发抖。我问她："你冷吗？"她摇头，也不说话。我递给她一个橘子，她掰了一瓣放在嘴里，说："真苦。"我看着她湿漉漉的眼睛，没有说话。

那场比赛，阿森纳二比八输给了曼联。

我觉得我能一直记得，她湿漉漉的眼睛和抱着双臂颤抖的消瘦背影。

后来左暗晨跟我说喜欢足球的女人是极品。我笑。我和林语音都是极品。

## 我们是强大的铁三角

后来我遇到了和我一样是摩羯座的王叶然和李陌。

王叶然是那种聪明但没有心计的女子。她比我小，但却像我姐。难过的时候去找她，总会有很多收获，觉得豁然开朗。

记得有次难过的时候，她对我说："加油吧，我亲爱的小女孩儿。"当时我立马开心得不得了。因为我很喜欢笛安的那篇《致我亲爱的小女孩儿》。她也会经常损我，但我一点儿也不会介意。我俩也经常争吵，但最后总会因为一句玩笑而和好如初。我们俩是很像的摩羯座。如果没有她，我的生活绝不会完整。我也知道，她最懂我。

李陌很小，是个没有安全感且寂寞的女孩儿。她是个矛盾体，有些想法会很奇怪。有时候我会想，她一定很多时光都是一个人蹲在沙发上，抱着泡面，目光涣散地盯着电视，索然无味地度过的。每次这么想，我都特别难受，有时候我特心疼她。我知道她很珍惜我和王叶然。

## 我留给你们的

我觉得每个人都会想跟一群好朋友住在一个大房子里，就像《小时代》里面一样。

等我有钱了，我也想买个大房子。我能想象出那情景。凌晨的时候，我和林语音一定在抱着夜宵蹲在沙发上目不转睛地看球赛，激动地大喊；苏芳然一定是在捣鼓各种化妆品；王叶然一定在冒充文艺女青年，看海子和顾城；至于李陌，她一定是在抱着帅哥的照片犯花痴。然后我们挤在一张大床上，各种打闹后沉沉睡去。月光透过玻璃窗均匀地洒在我们温暖而又美好的脸上。我想，果真那样的话，即使是在睡梦中，我也会不顾形象咧嘴大笑的。

# 那些年被淘宝坑过的我们

笨娃娃

一看到七月主题，我立马就乐了。多坑爹的主题啊，这不是逼众多披着羊皮的好孩子脱掉羊皮嘛！我才不着这道儿！可想上稿咋办？在鱼和熊掌不可兼得的情况下，果断弃掉鱼，得熊掌，因为熊掌比较贵。所以，上稿，弃节操。

话说那年我十四岁，半大的孩子，在姐姐的诱导下，直奔上了一条网购的不归路。拿着大把大把的钞票往里面砸，砸回了一堆永不见天日的"宝"，怎么个不见天日呢？就是淘回来的宝永远都是些用不上的装饰品。可是这都不算啥，算啥的是爹妈不知道有我这么个败家的女儿。

在一个天气晴朗、万里无云，又无作业缠身的周末，无所事事的我打开淘宝，一番闲逛之后，看上了一个白色的双肩背包，而且还包邮哦，亲！于是爪子毫不犹豫地点了"立即购买"，然后，悲剧发生了——卡里余额不足！那包包咋办？在0.01秒的思考后果断决定存钱，立即执行！

"妈，《中学生博览》出新一期了，给我二十块买书。"为了喜欢的包包，只好拿心爱的小博来当挡箭牌，我想，小博是不会介意的。"又买？上个礼拜不是刚买完吗？"妈妈疑心地问。"哎呀，妈，这不是一月出两期嘛！"在我的软磨硬泡之下，二十块钱终于到手。而剩下的钱,我决定找老弟资助资助。于是,我向弟弟的房间移动,门一开,立马飘向在玩游戏的弟弟:"弟啊,有钱不?"正玩得入迷的弟弟看都不看我一眼就说:"有事快说。""哎呀,没事,就是想让你借我二十块。"听到这话,弟弟停下手里的动作,看了我一眼,"你说啥?"

"借我二十块钱?"

"不是,上一句。"

"有钱不?"

"没钱!"

哼!无良的弟弟!白疼他了!还不如同桌好呢!于是,我把目标瞄向了美丽大方、乐于助人、聪明善良的中国好同桌——可爱的小猪身上。

礼拜一一早,我面带笑容地走向小猪,小猪一看到我诡异的笑容,立马抱胸:"你想干吗?我什么也没有!"

"嘿嘿,小猪啊,你别担心,我不会干吗你的。只是……只是这个礼拜手头紧嘛,所以这礼拜的早餐就拜托你了哈!"我特有诚心地向同桌坦白,还仗义地拍拍她的肩膀道,"我相信你会出色地完成组织给你的任务的!"

话音刚落,就听见咚的一声,小猪已经壮烈倒下,倒下之前还不忘留下"遗言":"我就知道你找我没好事!"

哈哈!有了同桌的慷慨解囊,这礼拜的早餐钱总算是省下来了,买包包的钱也有了着落。

经过艰苦的存钱,总算是把包包给订了下来。自从下了订单以后,我就开始了每天的苦等苦盼,在期盼中煎熬,在煎熬中等待……就这样过了一个礼拜,终于把包包给盼来了。可打开一看,妈呀!怎么和图片上的不!一!样!说好的双隔层呢?说好的可两用背带呢?都去哪儿了啊?老天你逗我玩吗?亏我还这么辛苦地攒钱!果然,真是淘宝有风险,网购需谨慎,纯洁的我又被骗了。

# 中　考　祭

钊

我知道中考结束后从全国各地铺天盖地地卷席而来的投稿能将《中学生博览》的编辑部掩埋。我也知道在众多优秀的中考纪念文中我这一篇稿子会毫不起眼。只是不知为何却总想尝试一下，写一篇文章，作为我、作为我们、作为中考、作为初中三年时光记忆的祭奠。

## 1

在初二暑假期间早已闻到硝烟的气息。

把初三的课本借来提早进行预习，同时还要开始复习前面的内容。刚经过地理、生物期中考的我们早已疲惫不堪，却不得不继续回校上课。

"革命尚未成功，同志仍需努力。"

"地理、生物都考这么差了，还不努力争取在其他科目上拿回来？"听着老班在讲台上高昂激愤的讲话，心中不由暗暗地鼓气。低下头来，不经意发现一张纸条："下课去东方大战三百回合？"看向OV，他狡黠地眨了眨眼睛。

"不想去了！"

"不会吧？什么时候变成乖乖宝了？"

"没听老班说吗，是时候要努力一点儿了。"

"唉，算了，你这好孩子好好学习吧，我这个坏孩子下课就继续'堕落'了。"

我何尝不想如往日一般在网吧里疯狂。只是接下来的一场战争会太过惨烈，我只有多加准备才不至于在最后败得太狼狈。中考，已代替岁月将我的棱角磨平。

## 2

在日复一日的练习和测验中我们早已习惯了高速的学习节奏。

这一天老班居然大发慈悲让我们自由活动两节课。两节课！她还瞪着恐怖的大眼说："自由活动就是自由活动！要是被我发现谁在复习什么的，哼！"我们来到了久违的球场，心中突然就涌起了一股暖流。老班，我们都懂你的苦心。

接过篮球，泛起了一阵遥远的熟悉感。还想那么多干吗？尽情地疯狂起来吧！在我们的笑颜中，似乎回到了那段自由美好的时光。什么中考的压力、紧张和烦恼都随着汗水被挥洒了出来。

这时的我们，能在球场上打球是一件幸福的事情。

## 3

教室后的倒计时已沦为两位数。

二模的成绩出来了，很安慰还是保持着前十。下课后被张老师叫到图书馆整理资料，弄完已是六点多了。回教室拿书包，经过女厕所竟听到一个低低的抽泣声。心里寻思着可能是某个女生二模考差了心情不好吧，就没理她径直下了楼梯。后来又想这么晚了这样不理她好像不妥，于是又折身返回，在女厕所门前踌躇了半天，最后闭上眼心一横走了进去："同学你没事吧？"很久没听到尖叫声才敢缓缓睁眼——林，红红的眼上还挂着几颗泪珠，周围竟是一片纸的海洋……

"考得不算太差吧，571分啊。"

"可是距一中还有太远……我觉得自己好没用啊，努力过了还是这么差，甚至比起一模还退步了三十几分……我这样会让爸爸妈妈失望的……"

我突然就想紧紧地抱着她，抱着这个柔弱的女生，给予她温暖和力量。可我也知道我不能。"加油吧，相信你可以的。我，还有很多同学和你一起努力，一起上一中，一起再做三年同学！"

"真的可以吗？"她抬头，眼中的一些东西让我的心一阵颤动。

我移开视线："可以的，真的！"

一起，考上一中。

## 4

我发现没等我用上"中考像浪潮一般汹涌而来，又缓缓退去"这一类句子，中考就平平淡淡地过去了。

成绩没有出来，但觉得这些已经不太重要了。回到学校和老班道别，一一拥抱。一些女生突然就哭了，哭着哭着又笑了。我在一旁看见林也是这样，不禁苦笑。

OV走过来，"兄弟，我去广州了，以后可能不能再见了哦。"

我给了他一拳，"谁说的。什么时候想我了，什么时候就回来，我随时欢迎。我也随时会去找你的，要好好地招待我哦！"

然后我们就一直笑，一直笑……

# 只是时间刚刚好

暮浪城

我想去北方看雪。

颜嘉叫我不要那么不切实际,好好的南方不待非要跑到那天寒地冻的北方去。我当时瞪了他一眼,然后啃着鸡腿继续看着语文书。

高三是个多美好的一年啊,马上就要考大学的年龄。我突然想到了三年前我爸对我说一中就算考不上也要自费去,没经历高考的人生是不完整的。其实,现在也不后悔啊,不后悔当年我爸拿着那一沓子的钱去供我念一中。就算……可能大学我都要混上去。

春节前夕,颜嘉带我去山上烤肉。当时去了很多人,里面也有张晨哲。颜嘉说我笨透了,和张晨哲同窗近三年,喜欢了他三年,暗恋了他三年,最后半个喜欢的字眼儿都没吐出来过。其实那也不能怪我啊……脸皮薄也不是我的错。颜嘉很不人道地打击我说:"林璃你脸皮薄?你当初穿着一小裤衩在我家死皮赖脸地和我争那一碗红豆饼的时候你怎么没说你脸皮薄?"

所以我说,颜嘉这个非人就是很记仇!八百年前那会子的事还记着!

嗯,颜嘉是个大胖子,而且是又高又胖!亏得他还有个这么好听的名字。

其实,只要没见过颜嘉的人就会以为他是很帅的那种人啊,但是一看真人……不用我说估计对方心都碎了。

　　高三最后半年是我人生中最减少寿命的一年，在那一年里我每天起得比鸡早睡得比贼晚，英语单词背到我想撕掉它。当然最后我肯定是撕掉它了，不过这是后话。关键在于，我修成正果了！我顺顺利利地混上了二本，导致我爹抱着我喜极而泣，在那里大肆地向所有的亲戚宣扬："我这个最不会念书的败家子居然考上大学了！"

　　考上大学……其实我也不会很开心啊。

　　只是看到我爸那么开心，就很开心了。

　　然后在我接到录取通知书的那一天颜嘉对我说："林璃，这个冬天我带你去北方看雪吧。"我当时狠狠地感动了一把，说："好！"

　　在我从大学里混迹了半年回来以后，颜嘉那个浑蛋居然牵着一特萌的小女生的手特骄傲地站在我面前气我。于是就导致了我在那个小女生的面前追着他打，我知道，在旁人看来一定会认为这是两个神经病。但是颜嘉最后跳到我身边对我说："林璃你看我们多合适，狼狈为奸刚刚好。"

　　我瞪他，"什么狼狈为奸啊。你滚蛋！"

　　再然后，我就跑掉了。其实我也知道啊，颜嘉他陪了我那么多年，也不可能说一辈子都陪在我身边。

　　我回到家里就去翻小时候的照片，那时候颜嘉还是个肥嘟嘟的小可爱，我剪着假小子的头站在他身边吸着鼻涕或者是眼泪汪汪。我突然很怀念那个时候，我和颜嘉整天疯啊闹啊做错事了都是他替我挨打。想到这里，一阵心酸。

　　我才不会告诉颜嘉，张晨哲向我告白了，我却一点儿感觉都没有。我想我的喜欢还是太浅薄，浅薄得没法子公诸于世。

　　一次，过完春节之后，我自己独立去了北方。

　　刚到了北京我就感觉一阵的冷，冷到骨头里了。

　　我很想颜嘉……想到就直接蹲在北京的一个小街角里抱着行李一直哭一直哭，哭到声嘶力竭手脚冰凉。

"不哭了。"颜嘉像一个骑士一样出现，蹲在我面前笑得一脸灿烂，"是不是没有了我你就这样想我想到哭成这个样子了？"我扑在他怀里，哭声越来越大。颜嘉不知道什么时候长得比我高，也不再像很多年前一样很胖很胖了。

他把我带走，然后再带我去看雪，最后把我带回南方。

在到了飞机场的时候，他站在人群中，低着头微笑的样子真的很好看。身边的人声嘈杂，颜嘉拉过我的手。

我只听得他说了一句话："林璃，我喜欢你，我喜欢你很久了。"

然后我就笑了，抬起头看他，十分骄傲，"喂，颜嘉，我们在一起吧。"

某人轻微一挑眉，笑眯眯地说："好啊，果然，还是我们天生一对……"

"狼狈为奸。"我接了他的话。

我们在对的时间遇到了对的人，在刚好的场景做了刚好的事。

# 数学君，快把奇迹驮回来

牧光年

假如说每一个数学不好的孩子上辈子都是折翼的天使，那请问我上辈子长的是新奥尔良烤翅吗？一学期四次大考三次挂科，我清新文艺的小日子难道就要毁在函数、向量、几何图像上吗？

作为一名文科生，对数学表示无爱。"莫道不消魂，帘卷西风，人比黄花瘦"说的可不就是我吗？硕大的黑框眼镜，摔过马桶掉过浴缸，至今顽强不下岗；波澜壮阔的黑眼圈堪比国宝；富有生机与活力的青春痘暗示着我已经被数学摧残蹂躏到内分泌失调。数学君，如果我多爱你一点儿，是不是也可以让奇迹早点儿出现？

"下午一点来我办公室。"数学老班的一条短信让我冷汗直流，看样子奇迹是路上塞车了。

她从抽屉里拿出我充公已久的MP4，"开机密码是这些函数解的和的平方再开根号。"她高深莫测地笑笑，把MP4和一张写满题目的纸郑重地交给我。

我瞬间被雷得外焦里嫩的，什么狗血剧情？！

当我意识到哭天抢地、死去活来都无济于事的时候，我只得牙一咬，眼一闭，抽出数学课本就开始死命地补。

世界上最遥远的距离莫过于我站在数学面前，它不认识我，我也不认识它。

现在的我基本上就是这种状态。

"老师，这些题太难了，换几道简单点儿的行不？"

"你的数学资料估计又是海阔天空任鸟飞的状态吧？这些题也没很难啊，回归课本，懂吗？"

我翻箱倒柜地把那本万恶的数学资料给找了出来，带着既期待又怕受伤害的心情轻轻翻开……

还真的又清新又空灵，跟新的差不多！不行，不能放弃，为了MP4君，还是找例题参考参考吧。

我由最初的用念力猜密码变成了奋笔疾书地解密码，做这种神奇又神经的事我都膜拜我自己。

我小心翼翼地对照例题，在计算器上输入最后一个字符，小心翼翼地打开MP4，输入。开了，竟然开了！

"只要你肯努力，那么，你也可以。"屏幕上是老班留下的话。

是吧，就是这样的吧，其实它没有想象中的难吧，只要我努力我也是可以的吧。

透过厚厚的镜片再一次看着数学必修一二三四五六七，突然觉得朝气蓬勃，阳光明媚。

后记：

"忘说了，明天数学考试。"老班神情诡异。

"范围和重点呢？"

"有一种范围叫没有范围，有一种重点叫都是重点。"

"数学君，快把奇迹驮回来！"我歇斯底里仰天长啸。